稼ぐ話術「すぐできる」コツ

金川顕教
公認会計士、起業コンサルタント

三笠書房

はじめに

稼ぐ人は「二者択一で話す」

◆相手が絶対「NO」とは言わない法

現在、僕は**毎年1億円以上の年収**を手にしています。
すでに資産は、約3億円。
世の中の基準からすれば、充分に「稼いでいる人」になると思います。
ただ、これはけっして偶然のことではありません。

僕が稼いでいるのは、「稼ぐ話し方」を身につけた結果――だと思っています。

稼ぐ人には「共通する話し方」があるのです。

相手が話したくなる「話し方」――

相手が考えたくなる「話し方」――

相手が行動したくなる「話し方」――

相手が買いたくなる「話し方」――

といった「話し方」。つまり、稼ぐ人の「話し方」には、人を動かし、仕事を動かし、組織を動かし、そしてお金を動かす――共通の特徴があるのです。

「稼ぐ話術」と言っていいかもしれません。

説得力があるだけでなく、熱意やこだわりを自然に感じさせる。それでいて嫌味に聞こえない。

「稼ぐ話術」で話すと、相手が「**『NO』とは言えない何か**」を感じるようです。

その特徴を真似れば、誰でも稼ぐ人になれる可能性があります。

この本では、僕の知る限りの「稼ぐ話術」のコツをすべて紹介しました。

もちろん、僕のノウハウだけでなく、これまで僕が見聞きしてきた稼ぐ人の話し方で、その効果を実証できたものはすべて取り上げました。

つまり、この本1冊で、「稼ぐ話術」が簡単にマスターできるようになっています。

稼ぐ人はまず「選択肢を2つだけ用意する」

「稼ぐ話術」の1つに、「二者択一で話す」というコツがあります。

「二者択一で話す」のは、明確な理由があります。


仕事はもちろん、**人生において重要なことは、すべて「二択」**だからです。

成功するか・失敗するか――これだけです。
第3の選択肢はありません。

そう思ってください。第3の選択肢など考えていると、どうしても仕事の姿勢がブレてしまいます。そもそも、人生において重要なものはすべて「二択」なのですから、第3の選択肢を考えること自体、時間のムダ。

つねに「二択で考える」――。

このテンションで仕事をしていると、話し方にも自然と説得力が出てくるのです。

当然、僕の周りの稼ぐ人は、つねに「二択」で考え、話しています。

ですから、**説得力がハンパない**。

勝つか・負けるか――

やるか・やらないか――

売れるか・売れないか――

稼げるか・稼げないか――

などなど。僕の場合、最後の「稼げるか・稼げないか」は「稼ぐか・死ぬか」くらいシビアに考えていますが（笑）。

いずれにせよ「二択」で考え、話すことこそ、「稼ぐ王道」と思ってください。

「相手が喜んで『YES!』と答える」話し方

ここで「相手が絶対『NO』とは言わない法」というテクニックを紹介しましょう。

これは「二択で考える」を発展させたもの。

この場合「稼ぐか・死ぬか」――という「究極の二択」ではなく、

「稼ぐか・儲かるか」――

のように、**どちらを選んでも成功する**という「至福の二択」。

これは、現場で作業する部下が、上司より情報量があるような場合に有効です。

たとえば、A案とB案があったときに、作業的にはどう考えても、A案のほうが効率的、かつ生産的に活用できるといったケースがあります。

このような場合、稼げない人ほど、深く考えずに、A案とB案を上司に見せるもの。

これはまさに愚の骨頂。

上司が、A案の効率性と生産性を理解しない場合があるからです。このような場合、部下の意に反して、B案が選ばれることになります。


稼ぐ人は、この場合、「A案とB案」でなく**「A案とAダッシュ案」を見せる**——のです。これが「相手が絶対『NO』とは言わない法」。

「Aダッシュ案」とは、「A案」の修正バージョンのこと。

つまり、上司が「二択」のどちらを選んでも成功する、というわけです。

具体的に説明しましょう。

たとえば「資料は電子データで作成するか、紙でも作成するか」といったケース。

じつは、これは僕が有限責任監査法人トーマツ（以下トーマツ）にいたとき、実際

相手が思わず「YES!」と言う理由

という「究極の二択」ではなく、

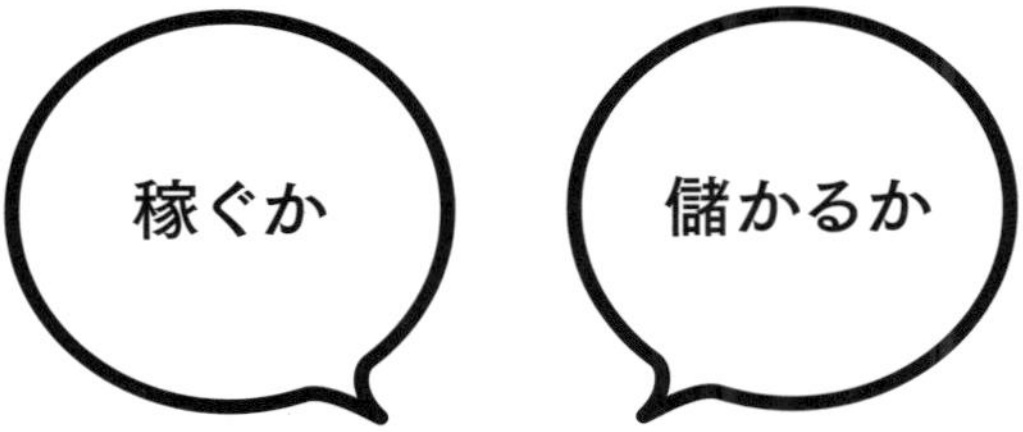

という「至福の二択」がコツ!

＼どちらを選んでも成功する!／

にあった例です。当時はまだ紙調書から電子調書に移行している時代で、「資料は電子データで作成するか？　紙でも作成するか？」は、社内では一大テーマでした。

ただ、現場で作業する人間からすれば、「紙」はもはや、「電子データ」との比較の対象ではなかったのです。作成、保管、検索といった、あらゆる面で圧倒的に「電子データ」のほうが効率的だし、生産的なのは自明の理でした。

このようなときこそ「A案とB案」でなく「A案とAダッシュ案」で話すのです。

×「資料は電子データで作成しますか？　紙でも作成しますか？」ではなく、

○「資料はエクセルで作成しますか？　ワードで作成しますか？」

といった具合。

当時、上司の中には、まだ「書類は紙のほうが見やすい」と思っている人がいました。そのような上司に「B案（紙でも作成）」を見せるのは、**まさに眠れる獅子を起こすのに等しい行為**なのです。

そこであえて「B案」はスルー。

「A案とAダッシュ案」だけで話す。

これが、稼ぐ人の「相手が絶対『NO』とは言わない法」なのです。

相手が話しやすくなるコツ――稼ぐ人は「二者択一で聞く」

稼ぐ人は「話し方」だけでなく、「聞き方」にも共通の特徴があります。

意識している、していないは別として、稼ぐ人は誰もが、目の前の相手に対して、同じような「聞き方」をしています。


稼ぐ人は二者択一で話すだけでなく、「二者択一で聞く」――

という「聞き方」です。「二者択一で聞く」場合は、「二者択一で話す」場合とは違って、「A案とAダッシュ案」ではなく、**「A案とB案」で聞く**ことになります。

具体的に説明しましょう。まず、次の2人の上司の「聞き方」。
あなたは、どちらの「聞き方」をする上司が、話しやすいですか?

A上司「今月は成績が悪いですね。なぜですか?」
B上司「今月は成績が悪いですね。営業する時間が少なかった? お得意様に何か問題があった?」

「B上司のほうが話しやすい」と思われたのではないでしょうか?
それもそのはず。B上司は「二者択一で聞く」テクニックを使っているからです。
「二者択一で聞く」と、**相手は答えやすい**のです。
自分で「答えを考える」必要がないからです。
やることと言えば、ただ「答えを選ぶ」だけ。

A上司の「聞き方」も悪くはないのですが、稼ぐ人はこのような「聞き方」をしません。この「聞き方」だと、相手がいちいち考えなくてはならないからです。効率的でも生産的でもないのです。

今日から、あなたが話すと「誰もが真剣に聞く」ようになる

「二者択一で聞く」メリットは、まだあります。

「なぜ？」という、相手にとって面倒な言葉を使う必要がなくなるのです。

「なぜ？」という言葉には、ネガティブなニュアンスがあります。「なぜ？」という言葉を使うと、責められているという印象を相手が抱くことがあるのです。

先ほどのB上司が上手なのは、「お得意様に何か問題があった？」と聞いて、成績が悪かったのを**「お得意様の問題」にしている**ところ。この「聞き方」であれば、聞

き手が責められていると感じることは、まずないでしょう。

「二者択一で聞く」メリットは、それだけではありません。

「二者択一で聞く」と、相手が**話しやすくなるだけでなく、考えやすくなる**のです。

こちらの「二者択一」に刺激されて、相手の頭が働き始めるからです。

具体的に見ていきましょう。

あなた「今月は成績が悪いですね。営業する時間が少なかった？　お得意様に何か問題があった？」
Ｃさん「（頭が働く）……。おそらく、天候が悪かったからかもしれません」

あなたの稼ぐ「聞き方」で、Ｃさんも真剣に考え始めたようです。

また、ご覧のように、「二者択一で聞く」テクニックでは、**こちらが正解を言う必要がありません**。「営業する時間が少なかった」も「お得意様に何か問題があった」も、どちらも正解でなくていいのです。

「二者択一で聞く」と、相手が真剣に考え始めるからです。

「稼ぐ話術」には「二者択一で話す」のほか、たとえば次のようなものがあります。

・稼ぐ人は、「数字を使って話す」――
・稼ぐ人は、「2W1Hで話す」から、ムダがない――
・稼ぐ人は、「主語」を上手に使う――
・稼ぐ人は、あえて「失敗談を話す」――

などなど。どのコツも「二者択一で話す」のように、「**すぐできる**」ものばかりです。

さらに言えば、「**すぐ結果が出る**」ものばかり。

今日、どれか1つ試してみるだけでも、その効果を体感できるはずです。

「稼ぐ話術」が、あなたの「可能性」を開花させる武器になることを願っています。

金川顕教

『稼ぐ話術「すぐできる」コツ』◎もくじ◎

稼ぐ人は、「結論から話す」

稼ぐ人は、「2W1Hで話す」から、ムダがない

2章

「相手のメリット」「気遣い」「こだわり」……稼ぐ人が必ず話していること

稼ぐ人は、相手を「説得」しない。「納得」させる

稼ぐ人は、「相手のメリット」を相手に伝える

稼ぐ人は、気遣いを「ひと言にする」

稼ぐ人は、「相手のこだわり」を探す

稼ぐ人は、熱意を「数字で見せる」

3章 稼ぐ会議、ムダ会議、「人数」と「時間」が違う

稼ぐ人は、「6人以上の会議」を開かない

4章 「稼ぐ言葉」で自分を上手にアピールする

稼ぐ人は、「場の空気」を壊して、流れを変える

稼ぐ人は、「刺さる言葉」で自分を印象づける

5章

仕事は「この雑談」で、意外な差がつく

稼ぐ人は、あえて「失敗談を話す」

稼げるか
稼げないか

稼ぐか
儲かるか

1章

「稼ぐ人の話し方」基本
——まず「結論から話す」

稼ぐ人は、「数字を使って話す」

「明日の15時」「疑問点が2つ」……数字なら「正しく・強く」伝わる

「数字はウソをつかない」――。

僕は公認会計士ですから、「数字」の意味、重要性が骨身にしみています。

「数字」とはまさに**「仕事の結果」そのもの**。

会計の世界では、「数字」こそすべて――とさえ言えるのです。

「数字」と言うと「営業の仕事」と思う人もいるかもしれません。ただ、営業の仕事は、数字だけでなく、結果に行き着くまでの過程も大切にする傾向があります。

結果が出なくても、「金川君！　結果は出なかったが、よく頑張った。キミの努力は認めているぞ！」といった上司の励ましフレーズがあり得る世界なのです。

言ってみれば**「努力賞」**。

「努力賞」のおかげで、結果が出なくても、やる気が出る営業マンもいるでしょう。

しかし、会計の世界では、「数字」こそすべて。

会計の世界に「努力賞」はないのです。

何日間も徹夜して頑張っても、正しい「数字」を出さなければ、仕事として評価してくれません。会計では、**過程を評価されることは皆無**なのです。

しかも、「数字」は正しくて当たり前。

結果の「数字」が間違っていようものなら、「金川君！　結果は出なかったが、よく頑張った」といった励ましフレーズは、まったくあり得ない世界。上司から厳しく叱責されるだけでなく、ときには全社的な大問題になることさえあります。

ですから、僕は「数字で考える」「数字で話す」を習慣にしています。

「数字はウソをつかない」――だから、**「数字で考える」と間違えない**し、**「数字で話す」と相手に誤解されることもない**、のです。

つまり、「数字で考える」「数字で話す」と、それだけ相手から信頼されるということ。具体的に見てみましょう。

たとえば、上司から、突然、次のように聞かれた場合。

「ところで金川君、A社の件はどこまで進んでいる?」

口調は穏やかですが、上司は明らかに正確な情報を要求しています。

このような場合、「ほぼできています」「もう少しでご覧いただけそうです」などと答えてはいけません。あまりに曖昧すぎるからです。

相手が正確さを要求しているときこそ、「数字を使って話す」のです。

会話の中に、簡単な「数字」を入れるだけで、相手の納得度が格段に上がります。

×「ほぼできています」ではなく、
○「8割方できています」
○「明後日の15時にはご覧いただけます」

×「もう少しでご覧いただけそうです」ではなく、
○「3日後には仕上げます」
○「2つほど疑問点があり、先方に問い合わせ中です。明日の午前10時までには回答をもらえることになっています」

といった具合。
数字は客観的データなので、誰もがイメージを共有できます。
たったこれだけで、上司との信頼関係を確実に強化することができるのです。もちろん、思い違いによるトラブルもなくなります。

((・)) 売上を2倍にする話し方——たとえば「10人×2＝20人」

ビジネスの重要な案件には、つねに「数字」がつきまといます。

「売上」
「原価」
「客単価」
「客数」
「成約率」
「リピート数」
「前年比」
「時間」

……といった具合ですね。

ですから、「数字で考える」「数字で話す」と、説得力が一気にアップするのは、ある意味、当然のことなのです。

たとえば、あなたの部署の「成約率」が、だいたい30パーセントだとしましょう。成約率30パーセントということは、10人の見込み客に会って、そのうち3人に売る能力があるということです。

で、次回の会議で、あなたがなんと、

「売上をこれまでの2倍にしよう」と提案するとします。

で、どうするかというと、まずは「数字で考える」。

「客単価」「リピート数」が同じだとすれば、この場合、売上を2倍にする方法は2つしかありません。

1つは、成約率30パーセントで、見込み客の数を2倍の20人にする方法。もう1つは、見込み客は10人のままで、成約率を2倍の60パーセントにする方法です。

見込み客を2倍にするのと、成約率を2倍にするのとでは、どちらが簡単か？

これは個人の能力というより、業種によって変わってくると思います。

見込み客を2倍にするほうが簡単であれば、DMなどマーケティングについて「数字で話す」ことになります。

成約率を2倍にするほうが簡単であれば、訪問件数やクロージングなど、営業について「数字で話す」ことになります。

これだけの話術で、あなたの「売上をこれまでの2倍にしよう」という提案は、具体性と説得力が出てくるはずです。

数字のない「ビジネストーク」は、ただの雑談

「数字で話す」メリットは、まだあります。

目標を「数字」で話すと、**モチベーションが高まる**のです。

×「売上を上げよう」「見込み客を増やそう」「成約率を上げよう」ではなく、
○「売上を2倍にする！」「見込み客を20人にする！」「成約率を60パーセントにする！」

と言い換えたほうが、目標が明確になります。

結果、「この目標を達成したい！」「この目標は達成しなければならない！」といったモチベーションや責任感が生まれます。会議であなたの話を聞いた部員が、それぞれモチベーションや責任感を持って仕事に取り組めば、目標達成率が飛躍的に上がるのは当然ですね。

これが「数字で話す」もう1つのメリットなのです。

「数字で考える」「数字で話す」を習慣にするのは簡単です。

日常会話の中に、**ゲーム感覚で「数字」を入れて話す**――これだけです。たとえば、

×「この商品は、あまり売れていませんね……」ではなく、

○「この商品は、発売から3週間で300個しか売れていませんね。今後、売上を30パーセントアップしないと利益になりません」

×「明日、成約率アップのミーティングをしませんか？」ではなく、

○「明日の午前11時から30分ほど、成約率60パーセントにアップするためのミーティングをしませんか？」

といった具合ですね。

いかがですか？

「数字」を入れるだけで、ふつうの日常会話が、一気にビジネス会話になるのです。

逆に言えば、——

数字が出てこない「ビジネスの会話」は、ただの「雑談」とも言えるのです。

最初は慣れないかもしれません。

ただ、「数字で話す」を習慣化してしまえば、あなたの「数字感覚」が磨かれて、自然と「数字」に強くなるはずです。

結果、「ビジネス感覚」「コスト感覚」「時間感覚」まで磨かれてきます。

たとえば、「健康のために、1日2リットルの水を飲むといい」と言われています。しかし、これを毎日続けるのはけっこう大変です。結局「とにかく水をたくさん飲むように心がけよう」と思うだけではないでしょうか。

僕は「数字で考える」「数字で話す」を習慣化しているので、「500ミリリットルのペットボトルを4本飲めばよいのだな」と考えます。

そう考えると、**意外と簡単に目標をクリアできる**ものです。

そして、「朝2本、会社で1本、帰宅後に1本飲む」と具体的な解決策を思い浮かべます。実際にそうやって、僕は水を毎日2リットル飲んでいます。

客観的な数字で考えるから、達成率が上がるのです。

「数字で考える」「数字で話す」――

これを意識するだけで、あなたの会話に説得力と目標達成力が自然と出てきます。

その結果、あなたに対する周囲からの信頼度と評価が増し、また一歩「**さらに稼げる人**」に近づくのです。

稼ぐ人は、「結論から話す」

「結論から始めて、結論で締める」が説得力のコツ

僕は原稿を書くとき、**「冒頭の1行目」**にとくに気を使います。

今の「冒頭の1行目」もそれなりに考えて書いたのです。

なぜ「冒頭の1行目」に気を使うのか——。

考えるまでもなく、当たり前の話です。書店の店頭で本を開いた際、誰もが「冒頭の1行」から読むからです。ページの途中から読む人はまずいないでしょう。

「冒頭の1行目」がおもしろくなければ、誰も「2行目」を読まないからです。

もちろん、その本を購入することもないはず。

だから、僕は「冒頭の1行目」に気を使うのです。

「冒頭の1行目」をおもしろくするには、僕なりのコツがあります。


冒頭に「結論」を書くのです。


この本も、ほとんどの項目の「冒頭の1行目」で「結論」から書いています。

ビジネスは「結論」がすべて。

「結論」から書き始めることで、読者の関心を引き寄せて、その先を読んでもらって「稼ぐ話力」を身につけてもらおうという考えです。これが、僕なりの「稼ぐ文章力」です。

もちろん「稼ぐ話力」も同じです。

稼ぐ人は基本的に「結論」から話します。

稼ぐ人は最初に「結論」を話し、相手の関心を一気に引き寄せます。続いてなぜその結論に至ったかの理由、その理由を具体的な事例で説明します。そして最後に再び結論で締めるというテクニックを使います。

このテクニックを使うと、結論はもちろんのこと、話の要点が相手の記憶に残りやすく、理解も深まりやすいのです。過不足なく、短時間で説明できる理想的な話し方と言えます。

結論から始まり、結論で締める——これが稼ぐ人の話し方です。

「起承転結」でなく「結結結結」——結論を並べるインパクト

稼げない人ほど、「丁寧に話そう」とするものです。

言ってみれば、完璧主義者。

ただ、人間は完璧に行動することなどできないのですから、完璧主義を目指すこと自体がナンセンス。完璧主義では稼ぐ人にはなれません。なぜなら、行動に移すまでに考えすぎるからです。その分、後手を踏んでしまいます。

会計監査の仕事は完璧を求められるように思われますが、そうではありません。すべてを完璧にしようと思えば、すごく時間がかかります。重要な部分、絶対間違えてはいけない部分は完璧になるまで慎重に見ますが、すべてがそうではありません。端折れる部分はうまく手を抜かなければ、いつまで経っても仕事が終わらず、「仕事が遅い会計監査」と評価されてしまいます。

稼ぐ人はいつも「100点満点」を狙いません。

「100点満点」が難しいときは「**合格点**」を狙います。

たとえば、あなたがフィットネスクラブに入会しようとしたとします。

フィットネスクラブに行って、次のような勧誘をされたら、どう思うでしょうか？

×「当フィットネスクラブで3カ月間、プログラム通りにきっちりと運動すれば、必ず成果が現れ、理想的な体を手に入れることができます。ダイエットになるばかりか、つくべきところに筋肉がつきます。また当クラブでは最新鋭のマシンを5台導入しています。このマシンは欧米でも人気で、セレブの愛好家も多いようです。日本ではまだ導入しているところは少ないようです。しかも、今なら入会金も半額になっています。始めるなら今しかありません!」

こんな勧誘では、入会する人はおそらく皆無。

焦点はぼやけているし、話が長いばかりで、これでは入会金が半額と言われても魅力を感じません。

「話が丁寧すぎて、何を言いたいかわからない」――これが稼げない人の話し方の特徴です。

稼げる人は「100点満点」ではなく、「合格点」を狙ってきます。

具体的には、話の**起承転結は無視して、「結論」だけを羅列**します。

先ほどのフィットネスクラブの勧誘トークであれば、次のようになります。

「100点満点」ではなく、「合格点」を狙った話し方が、いかに聞き手にわかりやすいか、理解できると思います。

○「当フィットネスクラブをおすすめする理由は3つ。1つ目は夏までの3カ月で理想のボディがつくれること。2つ目は最新鋭マシンが体験できます。そして3つ目、今なら入会金半額、始めるなら今しかありません!」

このような勧誘トークなら、あなたも入会したくなるのではないでしょうか。

稼ぐ人は余計な情報は省き、端的に伝えます。

ポイントは、最初に伝えたいこと、つまり**「結論」の数を宣言する**こと。

「結論」が3つあると宣言すれば、聞き手もその3つを聞きもらさないように注意して聞きます。細かい説明やメリットは、その後にダメ押しとして話してあげればよいのです。

これが確実に合格点を取れる話し方なのです。

稼ぐ人は、「2W1Hで話す」から、ムダがない

稼ぐ人は「ビジネスで大事な情報だけ」を話す

「2W1Hで話す」――僕がよく使う「稼ぐ話し方」の1つです。
一般的には「5W1Hで話す」と、情報がもれなく伝わると言われています。
ただ、それでは稼ぐことができないのです。

「5W1H」では情報が多すぎるからです。

「5W1H」とは、ご存じのように、「Who（誰が）」「When（いつ）」「Where（ど

こで）」「Ｗｈａｔ（何を）」「Ｗｈｙ（なぜ）」「Ｈｏｗ（どのように）」の６つ。
たしかに、この６つが揃えば、「情報がもれなく伝わる」かもしれません。ただ、情報が多すぎて、この６つの中で何が大事な情報なのか、相手はすぐにわからないのです。

稼ぐ人は、そもそも「情報をもれなく伝えよう」などと思っていません。
「ビジネスで大事な情報だけ伝えよう」と思っています。
そして、**ビジネスで大事な情報はすべて、「２Ｗ１Ｈ」で話せる**のです。
「２Ｗ１Ｈ」とはズバリ、次の３つです。

①「Ｗｈｙ（理由）」＝なぜその仕事をやるのか——。
②「Ｗｈａｔ（行動）」＝その仕事をやるために、何が必要なのか——。
③「Ｈｏｗ（方法）」＝その仕事を進めるには、どのようにすればいいのか——。

こう並べてみると、明快になると思います。

情報量にしてみれば、「2W1H」は「5W1H」のちょうど半分。「理由」「行動」「方法」——。

この「2W1H」こそ、ビジネスで大事な情報そのものなのです。

ビジネスで「残りの3W」がムダな理由

ビジネスで大事な情報が「2W1H」で話せるのは、ある意味、当たり前なのです。

残りの「3つのW」——。

「Who（人）」「When（時間）」「Where（場所）」もたしかに重要な情報です。

ただし、**ビジネスとしては優先度の低い二次的な情報**なのです。

というのも、ビジネスでは「Who」は「私」、「When」は「今」、「Where」は「ここ」——であることが大半だからです。

これは情報の基本。

稼げない人は、情報のこの基本がわかっていないのです。

だから、「5W1H」でダラダラ話して、相手の貴重な時間をムダにするのです。

ひどい人になると、「2W1H」のどれかを話し忘れて、ビジネスに役に立たない中途半端な情報を相手に伝えています。

「2W1H」で話す習慣が身につくと、自然と仕事が早くなります。

「**情報を捨てる**」のが格段にうまくなるからです。

「5W1H」の情報の中から、「2W1H」の情報だけを使い、「3W」の情報は捨てるのです。仕事では「2W1H」を優先して話す――。

これを意識するだけで、あなたの話は一気に効率的＋生産的なものになるはずです。

((・)) 最後の「How」で、人が動く！

ビジネスで大事なのは、まずは「2W1H」。

「理由」「行動」「方法」の3つです。

①なぜその仕事をやるのか――。

②その仕事をやるために、何が必要なのか――。

③その仕事を進めるには、どのようにすればいいのか――。

この3つの情報を伝えることが、**人を動かす基本原則**と言えるかもしれません。

具体的に見ていきましょう。

たとえば、僕は「本の出版」をビジネスとして考えています。

「本の出版」というビジネスで大事な情報もすべて、「2W1H」で話せるのです。

では、この『稼ぐ話術「すぐできる」コツ』という本を出版するというビジネスについて、話してみましょう。

最初は「**Why（理由）**」。

なぜその仕事（本の出版）をするのか――。


それは「自分をブランディングするため」でした。


本を読むのは知的好奇心の強い人たちです。

僕の本業のビジネスもそうした人たちがたくさんいます。彼らに僕のビジネスのやり方を提供していくことで、自分の価値を高めていきたいと考えたのです。

次は「**What（行動）**」。

その仕事（本の出版）をやるために、何が必要なのか――。

それは「自分が持っている有効な話し方コンテンツを、棚卸しすること」でした。

本を読む、知的好奇心の強い人たちに向けて、僕がこれまでに培ってきたノウハウを洗いざらい整理し、公開しようと考えたのです。

最後が「Ｈｏｗ」。

その仕事（本の出版）を進めるには、どのようにすればいいのか――。

それは「プロジェクトチームを作って進めていくこと」でした。

プロのスタッフに依頼して徹底的にコンテンツの棚卸しをする――。

つまり、「稼ぐ話し方」に関する、あらゆるテーマの質問を僕にぶつけてもらい、僕が答えていく。このスタイルで進めていくほうが、話が広がっておもしろいネタが次々と出てくるのではないかと考えたのです。

実際、その通りでした。

・稼ぐ人、稼げない人「数字の使い方」の違い

大事なことはすべて「2W1H」で話せる

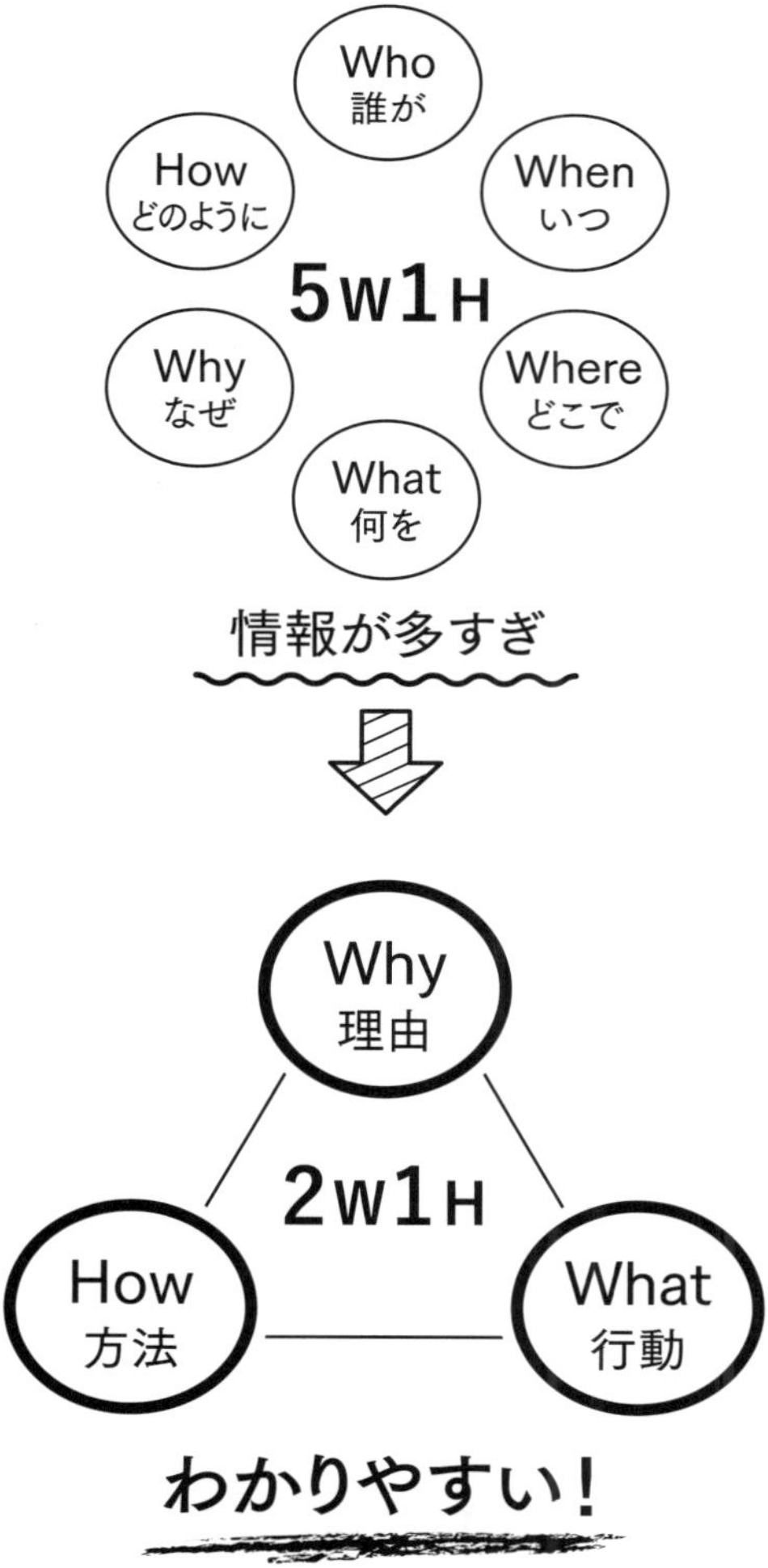

・稼ぐ会議、稼げない会議「人数」の違い

などなど、想像もしないコンテンツが次々と出てきたのです。

その成果が、この本です。

僕は自分でプロジェクトチームを作って進めていったことで、非常に大きな成果が得られたと確信しています。

仕事の優先順位は「2W1Hで考える」

現在、僕は年収1億円以上を稼いでいます——。

これは**「2W1H」で話す習慣を身につけた1つの結果**です。

「2W1H」で話すと、相手だけでなく自分にも、仕事での優先事項、優先すべき行動、優先すべき方法がすぐわかるからです。

僕が「2W1Hで話す」話術をはじめて使ったのは、大学受験の合格発表の日の夜。「第一志望合格」という目標を達成した僕は早速、人生の次の目標を立てたのです。

それは**「富を築く」**という目標でした。

そこで何となく「2W1H」で自分に話しかけてみたのです。

すると、驚いたことに、人生の優先事項、富を築くために優先すべき行動、富を築くために優先すべき方法がマザマザと見えてきたのです。

なぜ自分は富を築きたいのか――。

まずは「Why」で、その理由を考えました。すると、人生の優先事項が見えてきたのです。

それは富があれば、**「自分の時間」と「自分の能力」を最高に活かすことができる**からです。「人生、お金のことで悩むことほど、時間と能力のムダ遣いはない」というのは、お金で苦労した父の教えでした。

そして、「自分の時間」と「自分の能力」を社会で有効活用すれば、さらなる富を築くこともできます。その富が「自分の時間」と「自分の能力」をさらに活かすことにつながる――この時点で「起業」が人生の優先事項として見えてきました。

では、富を築くために、自分には何が必要なのか――。

「Ｗｈｙ」の次は「Ｗｈａｔ」で、優先すべき行動を考えました。

富を築くために、優先すべき行動――その答えは「大手の監査法人に勤めること」でした。

当時、一般企業における新卒の平均年収は２４０万円前後。大手の監査法人に勤めることになれば、その2・5倍の６００万円の年収を手にすることができたのです。

さらに30歳になれば最低１０００万円、40歳になれば最低２０００万円――その後も**人がうらやむような、高収入の人生**が約束されていました。

この程度の金額はまだ富とは言えませんが、「自分の時間」と「自分の能力」を活かすことのできるお金であることは間違いありません。

収入以上の魅力が、大手の監査法人の仕事にはあったのです。

大手の監査法人は、大手の上場企業から社員数人のスタートアップ企業まで、あらゆる企業形態の会計監査を行ないます。それぞれ、どんなビジネスモデルを構築し、どんなビジネス戦略を立てているのか――。

つまり、**給料をもらいながら起業のノウハウを学べる**のです。

これこそが、大手の監査法人に勤める最大の魅力だったのです。

「1+1」が「2」ではなく「10」になる法

富を築くために、自分はどのようにすればいいのか――。

最後に「Ｈｏｗ」で、優先すべき方法を考えました。

すると、その答えはすぐに出てきました。

「資格の学校のＴＡＣで学ぶこと」でした。

大手の監査法人に勤めるには、「公認会計士試験に合格すること」が最低条件。

公認会計士試験の合格者の平均年齢は、当時27歳。

ただ、27歳で合格するのでは、僕の人生の目標をクリアするには遅すぎます。そこで僕はなるべく早く、大学在学中に、この試験に合格することを決意したのです。

ＴＡＣの魅力は、「**業界随一の合格率**」にあると言われています。けれども、僕は「合格率以上の魅力」をＴＡＣに感じていました。

その魅力とは――優秀な学生たちにありました。

僕と同じように20歳を前にして、僕と同じように富を築くという目標を掲げた、大きな野心を持った学生が1人や2人は必ずいるという予感がしました。

僕と同じような目標、同じような視野、同じような優先事項を持った学生と接触する。そうすることで、1＋1が2ではなく、3、5、……10――と、人生の目標が想像以上に早く実現することができると思いいたったのです。

実際、**自分でも驚くほどのスピードで、次々と目標を実現**していきました。

大学在学中に当時の平均年齢より5歳若い23歳で公認会計士試験に合格。

そして大学卒業前には、世界最大の監査法人である「トーマツ」から採用のオファーが届きました。

さらにその3年後、26歳で起業。

「自分の時間」と「自分の能力」を最高に活かす道に進むことができたのです。

僕が今のように**年収1億円以上を稼ぐ起爆剤となった**のは、あの日の夜、「2W1H」で自分に話しかけたからです。

もしも「5W1H」で話しかけていたら……人生の優先事項、優先すべき行動、優先すべき方法はおろか、人生の次の目標すらまるで見えてこなかったはずです。
「2W1H」で自分に話しかけたからこそ、人生の目標がマザマザと見えたのです。

稼ぐ人は、相手を「説得」しない。「納得」させる

人は「意見」には納得しない。「ファクト＋意見」に納得する

話の説得力を高めるコツを紹介しましょう。
説得力がない人は相手を説得しようとするから、説得力がないのです。
稼ぐ人は、相手を説得しようとは思っていません。

稼ぐ人は、**相手に納得してもらおう**と思っています。

だから、話に説得力があるのです。

説得とはこちらがするもの、納得とは相手がするもの。人間は何ごとも自分で決めたい生き物。だから、相手の気持ちを変えさせるために説得しても、なかなか「YES」と言ってくれません。

自分が説得されているのがわかっているからです。

稼ぐ人は、相手を説得しようとはしません。相手が自分の意思で納得してくれることだけを考えて話します。

そして、**人は自分の意思で納得したとき、はじめて説得される**のです。

相手を納得させるために必要不可欠のものがあります。

誰もが否定できない「**ファクト（客観的な事実）**」です。この「ファクト」があるからこそ、相手も納得するのです。

たとえば、次の3人の化粧品販売員で、一番説得力があるのは誰でしょう？

×「これは、私が一番おすすめする化粧水です」
×「これは、驚くほど売れた化粧水です」
○「これは、1カ月で1万本以上売れた、弊社で一番売れている化粧水です」

セリフの前に「○」「×」をつけているので、一目瞭然ですが、最後の販売員が一番説得力があります。

この人だけが「ファクト」を話しているからです。

「ファクト」には、誰も「NO」を言えないのです。

「競合他社の成功実例」というすごい説得力

稼ぐ人は、客観的事実を述べてから、自分の意見を話します。

「ファクト＋意見」です。

だから、相手が誰であっても納得させることができるのです。

ビジネスの現場でもっとも有効な「ファクト」は「成功実例」です。

とくに、**競合他社の「成功実例」はインパクト大**です。

たとえば、次のような提案は、ビジネスの現場でよくされると思いますが、「ファクト」がないと、まったく説得力がありません。

×「見込み客を増やすために、フェイスブック広告をするのはどうでしょうか？」

これでは、どんなに太っ腹の上司も納得してくれないでしょう。

「ファクト」がないから、納得のしようがないのです。そこで、今度は競合他社の「成功実例」を入れてみました。

○「A社はフェイスブック広告を使って、この1年で見込み客を20%も増やしたと聞きました。うちもフェイスブック広告をするのはどうでしょうか?」

「成功実例」を入れただけで、説得力が出てきました。

上司はすぐには「YES」を言わないでしょうが、今後、さらにA社の「成功実績」を調べて話せば、やがては上司も納得してくれるでしょう。

「ファクト+意見」はビジネスの現場だけでなく、**プライベートの会話でも活用できます**。たとえば、「今晩の夕食は何にするか」といった新婚夫婦の他愛のない日常会話にも使えます。

妻「今夜、何が食べたい?」

夫「中華料理がいいな」

夫の答えはあまりにも殺風景。
「ファクト」がないので、説得力がありません。このひと言で納得する妻はいないでしょう。
次のように「ファクト」を入れるだけでも、説得力が生まれます。

妻「今夜、何が食べたい？」
夫「昨日、和風だったから、今夜は中華料理がいいな」

妻「今夜、何が食べたい？」
夫「明日、長時間のプレゼンがあるから、中華料理でスタミナつけたいな」

こんな些細なことでも、「ファクト＋意見」で話すことで納得を得られるのです。
妻にしても「中華料理にしてあげよう」と思ってくれるはずです。

100万円を「数字」でなく「札束」で見せる効果

「ビジュアル」も有効な「ファクト」です。

百聞は一見に如かず――。

「ビジュアル」には**言葉にはない説得力**があります。

実際、僕は「ビジュアル」を見せられて、説得されたことがあります。

僕の掛かりつけの歯科医は、とても著名な方で、芸能人もたくさん通っています。

僕は定期健診で通っていたのですが、あるとき先生からホワイトニングをすすめられました。

「人は見た目が９割です。その見た目のポイントは、実は歯なんですよ。芸能人の方たちは高い確率でホワイトニングしていますよ」

そう言って見せてくれたのが、ホワイトニングのビフォー・アフターの何枚かの写真や動画でした。黄ばんだ歯の笑顔とホワイトニングした歯の笑顔、歯並び矯正前の笑顔と矯正後の笑顔――。

たしかに、見た目の印象がガラリと変わっていました。

さらに、僕の写真を撮った後に、「金川さんの場合、ホワイトニングしたらこうなりますよ」と、CG映像を見せてくれました。他人の写真や映像でも心が動かされましたが、自分のビフォー・アフターはまさにダメ押しでした。

「それじゃ、お願いします」――即答でした。

僕はこの歯科医での体験で、説得の極意を学んだ気がしました。

「**ビフォー・アフターを可視化する**」という魔力です。

トーマツでは、新人教育の一環として、100万円の帯封《おびふう》の10束を実際に見せて触れさせるということをしていました。

実際に「1000万円」という金額を「ビジュアル」として見せるのです。

「1000万円」のインパクトは、今でも覚えています。

実際に扱っている金額の重要性を実感しました。

会計監査の仕事は数千万円、あるいは数億円の金額を帳簿上で扱っているのですが、ややもすると、お金ではなく、ただの数字を扱っている感覚になります。1桁間違っても、「まぁ、直せばいいか」と軽く考えるようになってしまいます。

それを戒めるために、帯封を見せてお金の重みを感じてもらうのです。

実際、帯封の束を見せると、数字を扱う目も変わるものです。

言葉にはない「ビジュアル」の説得力を有効活用したいものです。

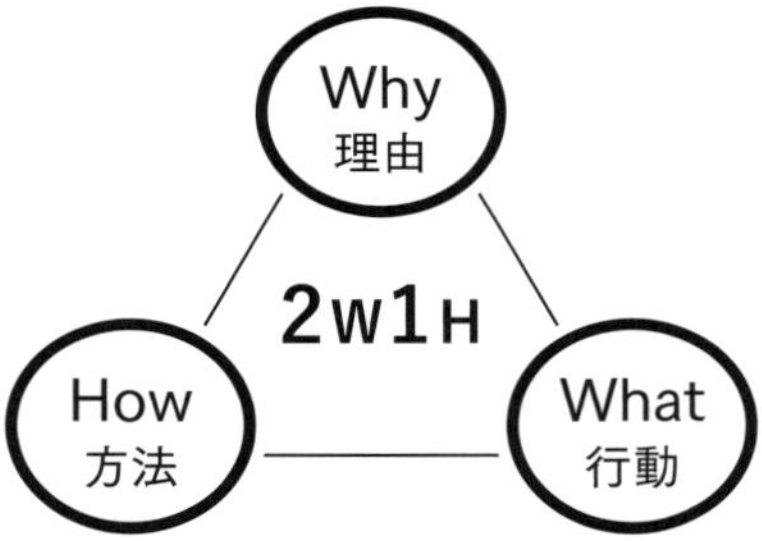
Why
理由
2W1H
How
方法
What
行動

2
章

「相手のメリット」「気遣い」
「こだわり」……
稼ぐ人が必ず話していること

稼ぐ人は、「相手のメリット」を相手に伝える

「君のスキルになる」——「信頼の差」は「ひと言の差」だった！

「人を動かすこと」が上手な人、下手な人——。

やはり、その差も「話し方」の差と言っていいでしょう。

たとえば、次の二人の上司。あなたなら、どちらの人の下で働きたいですか。

A上司「この会議用の資料、急いで30部をコピーしておいて！」

B上司「この会議用の資料、急いで30部をコピーしておいて！　このフォーム、他の仕事でも使えるから、覚えておくといいよ！」

ほとんどの人が「B上司の下で働きたい」と言うのではないでしょうか？

ただ、A上司とB上司の差とは、「このフォーム、他の仕事でも使えるから、覚えておくといいぞ！」というひと言を言っているか、どうかの差です。つまり、「人を動かすこと」が上手な人、下手な人の差というのは、たったひと言の差――とも言えるのです。

ただ、そのひと言が大きいのです。

なぜなら、そのひと言は、部下にとって「**メリットとなるひと言**」だからです。

この場合であれば、「このフォーム、他の仕事でも使えるから、覚えておくといいぞ！」というひと言。

このひと言があるからこそ、部下も「動きたくなる」のです。

A上司もB上司も「この会議用の資料、急いで30部をコピーしておいて！」といった、部下にとってあまり興味のない仕事、部下の仕事とは直接関係のない仕事――つまりデメリット――をお願いしている点では同じです。

部下にしてみれば、仕事のモチベーションが下がる瞬間です。

ただ、B上司は、その後すぐ、「メリットとなるひと言」を加えています。

「このフォーム、他の仕事でも使えるから、覚えておくといいぞ!」というひと言。こう言われれば、部下も「そうか、まんざら雑用でもなさそうだ。**他の仕事でも使えるのなら、ラッキーかも?**」と納得し、「動きたくなる」でしょう。

また、敏感な部下であれば、「このフォーム、他の仕事でも使えるから、覚えておくといいぞ!」というひと言に、B上司の気遣いを感じて、モチベーションが上がるという人もいるでしょう。

いずれにせよ、「人を動かすこと」が上手な人は、次のような共通項があります。

・「相手のメリット」をひと言で言える。
・「自分の気遣い」をひと言で言える。

つまり、相手にとって**「デメリット」であることを「メリット」として話すことができる**——と言ってもいいかもしれません。

ネガティブ感情をポジティブ感情に置き換えることに長けているのです。

相手が気づいていない「相手のメリット」を教えるインパクト

稼ぐ人は、相手の「デメリット」を「メリット」として話すのが上手です。

ではなぜ、そんなことができるのでしょうか？

明快です。

「デメリット」の見方を変えて、そこに「メリット」を見るからです。

だから、自分にとっても、相手にとっても、プラスとなるひと言が言えるのです。
僕がそれを痛感したのは、公認会計士試験に合格した直後のことでした。

「デメリット」の**見方を変えて、そこに「メリット」を見る**先輩がいたのです。

トーマツに入社が決まっていた僕は、エクセルのスキルを上げておいたほうがいいだろうと、参考書を探していました。そのとき、その先輩――W先輩としておきましょう――が、すすめてくれたのがMOS（マイクロソフト・オフィス・スペシャリスト）という「Microsoft Office」の国際資格でした。

たしかに、ワードやエクセル、パワーポイントといった、パソコンの上級スキルを身につけることは大切なことです。ただ、公認会計士として、エクセル以外は、補助的なスキルであると僕は考えていました。

MOSの勉強に多くの時間を費やすのは、まさに時間とお金のムダ。僕にとっては

「デメリット」以外、何ものでもないと感じていたのです。

W先輩はそんな僕の心を見透かしていました。

「今、MOSの勉強に時間を費やすことは、しんどいのはわかる。ただ、**金川の将来を考えると意外なメリットが3つも見えてくる**」

そして、こう話してくれました。

1つ目は、パソコンのスキルアップは、仕事のスピードが早くなり、残業が少なくなること。それは高評価となり、出世や高収入につながること。

2つ目は、パソコンのスキルは一度身につければ一生使える能力になること。将来、どのような仕事についても揺るがないスキルであること。

そして3つ目は、チーム力が上がるということ。会計の仕事にかかわらず仕事はチームでやるもの。だから、自分1人がパソコンの絶対的なスキルを持っていれば、チームを救うだけでなく、グイグイ引っ張っていけること。

最後にW先輩は次の言葉で締めました。

「今のデメリットを乗り越えれば、将来のメリットになるんだ」

目からウロコのアドバイスでした。

メリットさえ理解できれば、**ポジティブな感情**が生まれます。

僕は、資格取得はしませんでしたが、自己流でオフィスのスキルを習得。MOSの一般レベルに相当するスキルは身につけました。

できる上司は「部下のデメリット」を「メリット」で話す

今では、僕自身が、部下の「デメリット」を「メリット」として話せます。

たとえば、部下に「会議の議事録をまとめる」仕事を振るとき。

「会議の議事録をまとめる」のは、けっこう面倒。

しかも、「会議の議事録をまとめる」のは、どんなに仕上がり良くまとめても、高く評価されるような仕事ではありません。ですから、モチベーションが上がらない部下も少なくないのです。

そんなときこそ、上司が「デメリット」を「メリット」として話すのです。

「たしかに議事録をまとめるのは、面倒かもしれない」といったデメリットから話し始めて、だいたい次のようなメリットを話すのです。

○「議事録をまとめると、誰よりも会議の内容を把握できる」
○「議事録をまとめると、会社全体を俯瞰して見られるようになる」
○「議事録をまとめると、それをもとに次の会議のアジェンダを用意できる」
○「つまり、議事録をまとめると、以降、会議の主導権を握ることもできる」

といった具合。このように「会議の議事録をまとめる」ことが、ステップアップのカギを握っていることを話すのです。

相手のネガティブ感情をポジティブ感情に置き換える——。

これこそ**「人を動かす」最大のコツ**なのです。

稼ぐ人は、気遣いを「ひと言にする」

「勉強になりました！」――お礼には「ひと言」プラスする

上司や取引先に対して、気を使うのは当然。
ただ、単に気を使っているだけでは、稼ぐ人にはなれません。
気を使うだけでなく、その**気遣いを上手に相手に伝える**――。
これができてはじめて、稼ぐ人になれるのです。
たとえば、上司や取引先にごちそうになったら、お礼を言うのは当たり前。ただお礼を言うだけでなく、あなたの気遣いをしっかりと伝えることが大切。

まずは、気遣いの時間。


ごちそうのお礼なら、**必ず翌日の午前中に**伝えます。


なぜ、午前中か——。

午後になれば、午前中の仕事の忙しさで前夜のことなど「忘れかけていた過去」になっているからです。

午後のお礼など、気の抜けたビールのようなもの。それだけで「ごちそうし甲斐のないヤツ」というレッテルを貼られることになります。

お礼は、言いそびれると、後になればなるほど言いにくくなるもの。

翌日の午前中に顔を会わせる相手なら直接、そうでなければメールでお礼をします。

翌朝、顔を合わせたらすぐにお礼を伝えます。

もちろん、メールも朝一です。

そして、気遣いの言葉。

ただ単に「ごちそうさまでした。有難うございます」だけでは、あまりにも芸がありません。

稼ぐ人は、**お礼に必ず「ひと言」プラス**します。

この「ひと言」がまさに、気遣いの言葉なのです。

○「すごく楽しかったです!」

○「大変勉強になりました!」

この2つが、気遣いの言葉のテッパンと言っていいでしょう。

「楽しかったです!」「勉強になりました!」という言葉は、上司や取引先の能力に自分が敬服していることをさりげなくアピールできるからです。

実際は、昨晩の「料理」や「話題」に、この2つの言葉をからめるのがコツ。

○「あの店のお刺身、おっしゃるとおり絶品でしたね！」
○「あのインターネット広告の話、勉強になりました！」

といった具合ですね。相手は喜んでくれるはずです。

このように**「おごり甲斐のあるヤツ」**なら、上司や取引先がうれしくなるのは当然でしょう。

「そうか、今度はうまい寿司屋に行こうじゃないか」

そんな言葉がつい口をついて出てくる可能性もあります。そこまで気遣いできるのが稼ぐ人なのです。

気がきく人は「当たり前のひと言」が言える人

相手に気遣いを伝えるシーンは、お礼を言うときだけではありません。

稼ぐ人は、どのようなシーンでも気遣いをハッキリと言葉にして伝えます。心の中でどんなに気を使ったところで、相手に伝わらなければ意味がないからです。

たとえば、上司が体調を悪そうにしてデスクにいるような場合。

「おや、今日の課長、具合が悪そうだな。大丈夫かな。早くよくなるといいけど……」

と、いくら心で思っていても、あなたの気遣いは課長に伝わりません。相手に伝わらない気遣いなら、しないほうがマシです。

稼ぐ人は、ここで気遣いを言葉にするのです。

○「課長、どうしました？　調子悪そうですね」

まったく何の変哲もないひと言。

ただ、たったこのひと言で、あなたの気遣いは間違いなく上司に伝わるのです。

このひと言が言えるか、どうか――で、ビジネスマンの人生は大差がつくように思います。

((・)) 相手に何か変化があったら、必ず「ひと言」コメント

気遣いのタイミングには、ちょっとしたコツがあります。

相手が「変化」したとき、ひと言添えるのです。

先ほどの「課長、どうしました？　調子悪そうですね」は、相手がマイナスに変化した場合でした。

相手がプラスに変化したときも、ひと言添えると効果的です。具体的には、相手を「ほめる」ことになります。相手を「ほめる」というのも大切な気遣いのひとつ。

○「眼鏡替えたんですね。できる人オーラが出ていますね」
○「新しいカバン、スーツに合いますね」

つまり、「相手の変化＋ひと言」言うのがコツ。

このように話しかければ、イヤな顔をする人はいないでしょう。

相手の「変化」は、話の糸口になります。口に出さなければ、そのチャンスを失うどころか、「私には興味がない人」「注意力がない人」と思われ、逆にあなたの失点にもつながります。

そのためには、周囲の人の「変化」を見抜く観察眼こそ、気遣いの基本なのです。

ただ「ほめる」という気遣いは、諸刃の剣なので注意が必要。というのも「ほめる」という行為は、基本的に目上の人が目下の人にするものだからです。

とくに、**目上の人に対しては、人格や品性を「ほめる」のはNG。**

課長が、自分の上司である部長や役員に、人格や品性をほめられたら喜ぶでしょう。

しかし、部下のあなたに言われたら、不快に感じて当然。

上司に向かって、「課長のあのときのお言葉、人としての器の大きさを感じました」と言ってみたところで、「何様のつもりで私を評価しているんだ！」と不興を買う可能性があります。

目上の人を「ほめる」場合は、「相手の変化」を指摘し、さり気なく「ひと言」添えるだけにするのがコツです。

「そろそろ予備をお持ちしましょうか？」——先手必勝のひと言

気遣いが上手な人には、共通の特徴があります。
まず、「相手の視点でものを見る」のです。
そして、それを言葉で伝えるのです。
「相手の視点でものを見る」とは、どういうことでしょうか？
自分のニーズではなく、**相手のニーズで「ものを見る」**——ということです。
たとえば、あなたが、事務機リースの営業マンだったとしましょう。

自分が何を売りたいのかではなく、相手のニーズで「ものを見る」。つまり、相手が何を買いたいのかを考える。

「消耗品がちょうど切れそうな頃で、お客様が困ってないか？　もしくは困りそうではないか？」を考える。そして、頃合いを見計らって、「A4の用紙、そろそろ予備をお持ちしましょうか？」と連絡を入れる。

そうすれば、あなたにしても、彼のことを「なかなかやるヤツだ」と思うでしょう。

「電車の時間」「天気」「食の好き嫌い」――気遣いの意外なツボ

ビジネスマンであれば、まず**「上司の視点でものを見る」**習慣をつけるべきです。

「上司の視点」と言っても、別に難しく考える必要はありません。

「上司の視点」で見やすいものを見ればいいだけの話。

たとえば、次の３つ。

これなら、誰でも「上司の視点でものを見る」ことができるはずです。

①「電車の時間」
②「今日の天気」
③「食の好き嫌い」

実際、僕は、トーマツ時代、「電車の時間」「天気」「食の好き嫌い」については、「上司の視点」でものを見て、それを言葉にしていました。

そのおかげで、「金川は気がきく」というアピールができたように思います。

トーマツでは、クライアントの企業へは、上司と一緒に電車で移動することが頻繁にありました。

上司とは、たいてい部下よりは忙しいもの。その日は、どうしても18時までには、会社に戻らなければならないといった場合があります。

そういう場合は、ひと言「上司の視点」を言葉にします。

○「部長、18時までに帰社するには、先方を17時20分に出れば充分間に合います」

といった具合です。

会社を出る前に、先方の会社から、最寄り駅までの歩く時間なども含めて、「上司の視点」を上司に報告するのです。

もちろん、電車の時刻表や、所要時間などは、行きの電車の中でも、スマホで簡単に調べられます。

ただ、それを事前に調べて、**なるべく早めに上司に報告して安心してもらう**のが、気遣いのできる部下の仕事。実際、僕はそう考えていましたし、それでいつも上司には喜ばれていたものです。

「電車の時間」と同様、「天気」についても、スマホで簡単に調べられます。

スマホで調べたら、「なるべく早めに上司に報告して安心してもらう」ことがあったとします。

気遣いのできる部下として、当然、ひと言「上司の視点」を言葉にします。

〇「部長、夕方、雨予報出ていますから、傘を持ったほうがいいですよ」

といった具合。

「やっぱり金川は気がきく」という評価になります。

また、明日の「天気」についても同様です。スマホで調べて「なるべく早めに上司に報告して安心してもらう」ことがあれば、退勤しようとしている上司に、「上司の視点」でひと言。

〇「部長、明日は冷え込むそうですから、コートがいいですよ」

こんなひと言をかけられて、ニッコリしない上司がいるでしょうか。
このひと言を言える人が、まさに気遣いが上手な人なのです。

相手が「思わず心を開く」3つのツボ

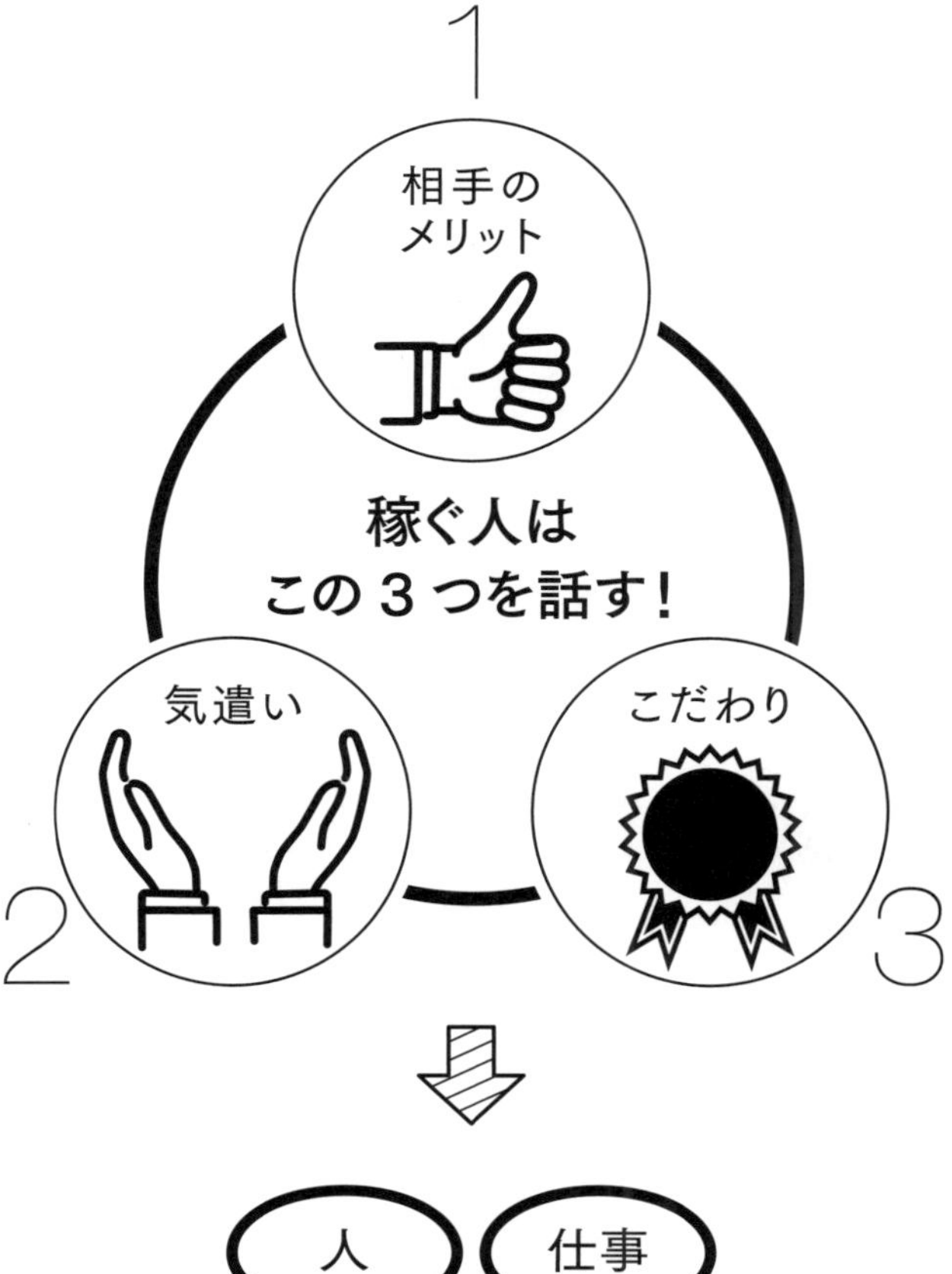

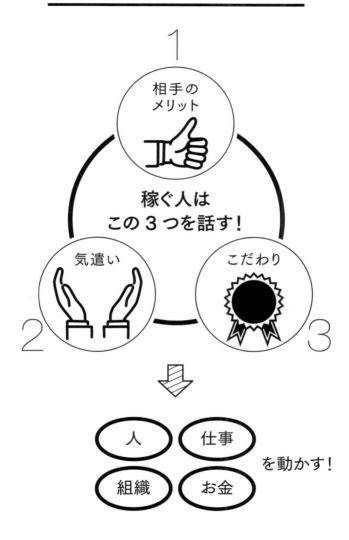

((・))「部長、揚げ物、大丈夫ですか？」も、立派な気遣い

会社の飲み会は、気遣い上手をアピールする絶好の機会――。

お酒をあまり飲まない僕は、そう割り切っていました。

飲み会に限らず、ランチでもいいのですが、**「食の好き嫌い」については、「上司の視点」でものを見て、それを言葉にしやすい**ので、利用しない手はありません。

トーマツでは、プロジェクトごとに、監査チームのメンバーの入れ替わりがあるので、その都度、歓送迎会がありました。僕は若手でしたから幹事役を任されることが多かったのです。

僕は、新メンバーには、事前に「食の好き嫌い」について聞いていました。ただ、若いメンバーであれば、男性も女性も、「食の好き嫌い」がハッキリしていることはありませんでした。

問題なのは、40代以上の上司。

40代を過ぎると、「食の好き嫌い」が意外にハッキリしてくるのです。

40代にもなると経験値が多いこともあって、**嗜好がハッキリしてくる**のでしょう。

また、この世代になると健康に気を使う人が増えてきます。人によっては、揚げ物や魚卵系はNGといったことが珍しくありません。

ただ、ストレートに聞くのは気遣い上手ではありません。

自分の「食の好き嫌い」で、お店が決まってしまうのを嫌う上司がいるからです。

×「部長、苦手な食べ物はありますか?」

このようにストレートに聞いても、「何でも大丈夫だよ」と答える上司が多いものです。それでいて、会が終わった後の上司のテーブルには、手をつけていない揚げ物が残っていたということがあります。

たずねる言葉にちょっと気を使うだけで、上司の評価は変わるものです。

×「部長、苦手な食べ物はありますか？」ではなく、

○「部長、揚げ物は控えたほうがいいですよね？」

と聞いたほうが、「まあね」といった具合に、部長は答えやすいものです。

また「辛いものさえ避けてくれれば、俺は何でもいいよ」と、想定外の情報を提供してくれるかもしれません。

いずれにせよ、この場合、部長が「揚げ物は控えたほうがいいと思っているかどうか」は、関係ありません。

答えはどうでもいいのです。

たったこれだけの言葉で、あなたの気遣いを確実にアピールできる――

それが大事なのです。

同じことを聞くにしても、相手の受け取り方はまるで違います。

上司に喜ばれるひと言を言える人は、相手を持ち上げずとも、しっかりと自分を評価させることができるのです。

稼ぐ人は、「相手のこだわり」を探す

「いつも素敵な靴を履いてますね」――「相手のこだわり」をほめる

仕事に「こだわり」がある人は、人からそれを指摘されるとうれしいものです。指摘してくれた人に**好感を抱くのはもちろん、その能力まで評価**します。

「前の晩、どんなに寝るのが遅くとも、始業時間の30分前には出社する」
「ビジネスシューズは、イギリスのブランド・クロケット&ジョーンズだけを履く」

ちなみに、これはトーマツ時代の僕のこだわりです。

誰にでもなにかしら仕事に対してこだわりを持っていることがあるはず。しかし、そのこだわりを積極的に話す人は少ないものです。

こだわりとは、自分の心の中にしまっておくものと思っているからです。

できれば、人にわかってもらいたいが、自己満足でもいい――そう思っているのです。だから、そのこだわりを指摘されると、素直にうれしいもの。指摘してくれた相手に対して、無条件の好意を抱くのです。

ですから、人に好かれたければ、**「相手のこだわり」を指摘する**のが効果的です。

あなただって、自分のこだわりを指摘されたら、うれしいはず。

実際、僕は、トーマツ時代、取引先の担当者に靴をほめられて、無条件でその人を好きになってしまったことがあります。

○「金川さん、いつも素敵な靴を履いていますね」――。

ある日、その担当者からそう言われて、僕は腰を抜かしました。

ビジネスマンのほとんどは、相手の靴など見ていないものだからです。

次の瞬間、自分のこだわりを、その担当者に熱く語り出したことを覚えています。


「ありがとうございます！　僕はビジネスシューズはクロケット&ジョーンズと決めているんです！　どのシリーズもデザインが洗練されているうえに、履きやすいんです。長時間履いていても疲れないからおすすめですよ！」


自分のこだわりを話すのは気持ちがいいもの。

もちろん、僕は人からほめられるために、靴にこだわっているわけではありません。

単なる自己満足でこだわっていただけなのですが、実際、人からほめられると、やはりうれしいものです。

たしかに、他愛もないと言われれば、それまでです。

ただ、その**他愛のなさこそが、人間心理**ではないでしょうか。

それ以降、僕は、その担当者を、人間的にも深く信頼するようになりました。

「靴の善し悪しを見抜く力」があるのだから、当然、「仕事の善し悪し」も「人間の善し悪し」も見抜く眼力があるはずだ――といった具合です。

人にほめられたら「素直に喜ぶ」のが稼ぐコツ

自分の「こだわり」を指摘されると、人はうれしくなる――。

ただ、「こだわり」には、もう1つ、特徴があります。僕は、取引先の担当者に靴をほめられたとき、気づきました。

それは――

自分の「こだわり」を相手に正しく伝えると、相手が変わる――

僕が自分のこだわりを、担当者に熱く語った後、彼はポツリとこう語ったのです。

といった特徴です。

「なるほどね。仕事にこだわる人は、靴にもこだわるわけか。というか、仕事ができる人が靴にこだわるのは、そういう実用的な意味もあったのか。クロケット&ジョーンズ、私も履いてみようかな。品揃えはどこの店がいいですか?」

つまり、**こだわりを語ることは、相手を変える武器にもなる**わけです。

ビジネスでは、こだわりは、周囲の人に知ってもらうからこそ、意味があるのです。

稼ぐ人は、このことを熟知しています。

ですから、自分のこだわりを話す機会があれば、積極的にそれを利用します。

そうすることで、**ビジネスの流れが、確実に自分にプラスになる**からです。

自分のこだわりがあれば、それを武器に自分をアピールし、流れを変えて、自分の評価を高めていけるのです。

取引先の担当者が、「金川さん、いつも素敵な靴を履いていますね」と言ってくれたとき、僕が照れて、こだわりをアピールしなければ、何も始まらなかったはずです。「いやぁ、大したことないです」なんて答えていたら、僕と担当者の信頼関係も生まれなかったでしょう。

稼ぐ人は、勝負所では必ず勝負するものです。

「スピードの金川」「量の金川」「質の金川」――キャラ立ちのコツ

自分の「こだわり」を、自分の「キャラ」として伝えることも有効です。

「こだわり＝自分」でアピールするので、かなりのインパクトがあります。

自分を強く印象づけたい場合に、とくに有効なテクニックと言えるでしょう。

実際、僕もビジネスでこのテクニックを使っています。

僕はＥＣビジネス（電子商取引）で、さまざまな商品の販売に携わっています。多くのスタッフと仕事をしていますが、僕は**つねに「スピード」「量」「質」にこだわっているこ**とを伝えています。

つまり、スタッフからすれば、僕は「ただの金川」ではありません。

・まずは「スピードの金川」であり、
・「量の金川」であり、
・そして「質の金川」なのです。

僕にしてみれば、ビジネスはこの３つが最優先。

ですから、スタッフが他のことで多少ミスっても構わないと思っています。「スピードと量と質の金川」――僕の「こだわり」をそのまま僕の「キャラ」にしているので、スタッフも迷うことがありません。

ECビジネスは、まさに生き馬の目を抜くような厳しい競争の世界。そこで勝ち組でいるためには、**確固たるこだわり、信念が大事**なのです。

「スピード」はECビジネスにとって、もっとも重要。

ECビジネスの世界では売れ筋商品には他社もこぞって参入してきます。当然、だれもが販売している商品になれば、価格競争になります。それでは利益は生まれません。

いち早く売れ筋商品を開拓し、先行して大きな利益を生み出すのです。

次は**「量」**。

「量」に対するこだわりは、ビジネスを拡大するためです。

「量」があれば、アマゾンや楽天、あるいはメルカリ、モバオクなど、多彩な販売チャネルに出品することができます。それぞれメリット、デメリット、購買者層の違いもあるので、さまざまなチャネルに対応できるよう「量」にこだわるのです。


そして、最後に「**質**」。


この場合の「質」は出品商品の写真のクオリティです。

やはり、写真が購買者の大きな判断材料になるので、徹底的にこだわります。

「こだわり」を、自分の「キャラ」として語るにはこのように、相応の理由があるわけです。その理由に相手が納得したとき、相応のインパクトも生まれます。

そのため、僕のＥＣビジネスに対する、スタッフの理解度が深いように思います。

「自分のこだわり」をすぐ見つける＋伝える法

どんな人でも、必ず仕事の「こだわり」があるものです。
こんなことを書くと「エッ！　俺、仕事のこだわり、ないよ」と言う人がいます。
そういう人は間違っているのです。

仕事のこだわりがないのではなく、仕事のこだわりに気づいていない――
だけなのです。

残念ながら、現在、そういう残念なビジネスマンが少なくありません。「こだわり」と言うから難しく感じてしまうのですね。

自分が**「仕事で一番気をつけていること」**――それがこだわりなのです。

そう考えると、自分のこだわりが簡単に見つかるのではないでしょうか？

また、こだわりは、特殊なものである必要はありません。

先ほど紹介した「スピード」「量」「質」という僕のこだわりにしても、ＥＣビジネスの世界では何も特殊なものではありません。

ある意味、「当たり前」のことです。

こだわりは「当たり前」のことでいいのです。


あなたの「当たり前」が、他人には「当たり前」でなかったりするからです。


トーマツに入社した頃、僕がこだわっていたのは――つまり「仕事で一番気をつけていたこと」は――**「できる準備はしっかりやっておく」**ということでした。

ある意味、「当たり前」のことです。それは大学受験で２浪した経験から得た僕のルーティーンであり、こだわりでした。

僕は新人研修を受ける前に渡された研修用の資料を事前にしっかりと読み込み、不明点などをまとめて質問票を作りました。「できる準備はしっかりやっておく」を実践したわけです。

優秀な人材揃いのトーマツの新入社員ですから、この程度のことは皆がやっていると思っていました。

しかし、違ったのです。

ほとんどの新入社員は、研修用の資料をざっと読んできただけでした。

僕は、質問票を作ってきたことで、研修の担当者からおほめの言葉をいただきました。しかも、この小さな事件が評判となって、新人研修の段階で、**「金川はなかなかできるヤツ」という同期や先輩の僕に対する評価が生まれた**のです。

その後、配属が決まってからでも、「できる準備はしっかりやっておく」は徹底しました。新しいプロジェクトの始まる前など、新人研修のときと同様にしっかりと資料を読み込み、不明点などをまとめて質問票を作るなど、工夫してきました。

自分にとっては「当たり前」のことでも、他人は実践していない――

ことに気づいてきました。

その「自分にとっては当たり前のこと」を、他の人は「こだわり」と思い感心し、そのこだわる人に興味を持つわけです。他の人と違うことをやっているのですから、当然、どうして質問票なんかを作ったのか周囲の人たちがたずねてきます。

「一通り読みましたが、なかなか頭の中に入らなかったので、質問という形で疑問点、不明点を書き出してみたわけです。すると、何がわからないのか、といったことだけは整理ができて、モヤっとしていたものが晴れたりするんです」

まずは、自分が「**仕事で一番気をつけていること**」を自問自答してみましょう。

それが、あなたのこだわりだったりするのです。

そして、そのこだわりが、自分が評価を得る武器になるのです。

稼ぐ人は、熱意を「数字で見せる」

「数字という熱量」で表すと、熱意はすぐ伝わる!

仕事に対して熱意があるのに、成果も評価も今ひとつ——という人がいます。

ほぼ例外なく、熱意が周囲に伝わっていないのです。仕事に対して熱意があれば、成果も評価も上がっていく——というものではありません。

熱意があるだけでは、意味はありません。

熱意は相手に伝えてこそ、意味があるのです。

評価の高い人は熱意があるだけでなく、**「熱意を伝える」のが上手**です。

「一生懸命を伝える」のがうまい、と言っていいかもしれません。

だから、周囲が評価してくれるし、誰もが応援したくなります。応援してくれる人が多ければ多いほど、稼ぐ人に近づくのは当然。

逆に、どんなに熱意があっても、「熱意を伝える」のが下手であれば、評価も高まらないし、誰も応援してくれません。「こんなに頑張っているのに、なぜ評価されないのか」とグチが出ることになります。

「熱意を伝える」のが下手な人は、共通の特徴があります。

自分の主観で、熱意を伝えようとするのです。

×「一生懸命やります！」
×「頑張ります！」
×「最大限努力します！」

といった具合。これだけでは説得力がないのです。

熱意が空回りしているといった状態。主観はなかなか相手に伝わりません。心から「一生懸命やります!」「頑張ります!」「最大限努力します!」と思っていても、相手にしてみれば、当たり前のことに聞こえます。

「熱意を伝える」のが上手な人は、主観で熱意を伝えようとはしません。

自分の熱意を、客観的に伝えようとします。

熱意を「見える化」するのです。


具体的には、自分の**熱意を「数値化」して見せる**のです。

熱意を「数字という熱量で表す」と言ってもいいでしょう。

「数字」は客観的な情報だから、相手にそのまま伝わります。

たとえば、プロ野球ではシーズン前、有名選手が、自分の熱意（目標）を「数字」で公言するのが当たり前になっています。

打者であれば「今シーズンの目標は、**打率3割、30本塁打、30盗塁**」、投手であれば「今シーズンは、**最低でも2ケタ（10勝）**」といったコメントはよく耳にします。それぞれ昨シーズンの成績が「打率2割、10本塁打、10盗塁」、「5勝」であれば、相当に熱意があると言っていいでしょう。

それだけファンにも本気度が伝わります。

「売上、絶対上げます！」でなく「売上、10万円増に挑戦します！」

熱意は「数値化」すると、伝わりやすくなる——。

ビジネスでも、これを応用すればいいのです。

たとえば、取引先から仕事の依頼を受けたとき、自分の熱意を「数値化」して見せるのです。

×「やらせてください！」ではなく、

〇「やらせてください！　3日後までですか？　それでは2日で終わらせます！」

と言えば、本気度や熱意が伝わります。

取引先は次回もあなたに依頼しようと思うでしょう。もちろん、数値化した通り、2日で終わらせた場合に限りますが。

また、数字には、**自分を奮い立たせてくれるカンフル剤**の役目もあります。

目標が「見える化」されるので、いい意味で自分を追い込むことができます。

×「今月の売上は、一気に上げます！」ではなく、

〇「今月の売上は、100万円突破に挑戦します！」

と、具体的な数字で宣言すれば、目標が明確になり、自然と気合も入ります。

目標を明確にすれば、同僚や上司も途中経過が気になって聞いてくるでしょう。タ

イミングよくアドバイスをもらうことも可能です。
目標達成に向かって、自分を応援するムードを自分から作っていくのです。

VIPに「この人とは会ったほうが得だろう」と思わせる法

「50回電話をかければ、道は開ける」――。

すごい言葉ですよね。
この言葉は、僕の知人で、東京の表参道にある「SAKURA」という美容室を立ち上げ、2年間経営に携わった田宮一誠さんの言葉です。

「50回電話をかける」だけの熱意さえあれば、必ず伝わる――。

といったことでしょう。
実際、田宮氏は、ある大企業に50回電話をかけて、大きな取引を成功させた経験があるのです。そのとき彼は、その成功を偶然ともラッキーとも思わなかったと言っています。

「50回電話をかける」だけの熱意は必ず伝わると確信していたからです。

その大企業とは、世界的なタバコ会社、フィリップモリス。

大ヒット商品・加熱式タバコのＩＱＯＳ（アイコス）の発売元として有名です。

そのアイコスが発売間もない頃の話。なんとＳＡＫＵＲＡが、フィリップモリスとコラボして、店名のＳＡＫＵＲＡにちなんで、ローズピンクのアイコスを限定発売したのです。

世界的なたばこ会社、フィリップモリスが、美容室とコラボするのは世界初だったそうです。一般販売を始める前にＳＡＫＵＲＡで先行販売イベントを開いて、大きな話題になりました。

そのきっかけはすべて、田宮氏の「50回電話をかける」熱意だったのです。

しかも、このとき田宮氏は、フィリップモリスの日本支社に、50回でなく、51回、電話をかけたそうです。はじめはまったく取り合ってもらえなかったのですが、51回目、ついに壁が崩れたのです。フィリップモリスの幹部とアポイントメントが取れて面談、一気にコラボが実現したというのです。

たしかに、1回1回、熱意を込めて、51回も電話をかけてくれれば、相手が誰であれ、並々ならぬ本気度を感じるのは当たり前のことかもしれません。

「ここまで熱意があるなら、一度、会ったほうが絶対得だろう」

と、相手に思わせることも可能なのです。

熱意を「20回見せる」と景色が変わる

自分の熱意を見せるのは、50回でなく、20回でも十分のように思います。

僕が電話を受ける立場だとしたら、20回でも会うからです。

熱意を込めた電話を20回ももらえば、**絶対、相手に関心を持つはず**だからです。話の内容以上に、まずはどんな人物なのか会ってみたくなります。

実際、僕も熱意に感じ入って、面会した人がいました。

その人は電話ではなく、LINEで、僕に会いたいと熱心に20回ほど連絡がありました。商売で悩みがあったようです。ここまで連絡をくれるわけですから、こちらも会うのが義務のように感じたことを覚えています。

ですから、まずは「**20回は自分の熱意を見せてみる**」。

いかに熱意を伝えることができるか——成功への分かれ道はここにあります。

しかも、20回電話をかけることは、そう労力が必要なことでもないのです。

営業日に毎日電話をかけたとして1カ月程度。1回の電話に要する時間は1、2分ですから、費やす時間はトータルでも40分程度です。日常の仕事にもまったく差し障りもないでしょう。

先ほどの田宮氏の「50回の電話」にしても、時間的にはトータルで2時間弱です。

彼はそれで世界初のコラボを勝ち取ったわけですから、**実に少ない労力で大きな成功を手に入れた**か、おわかりいただけたでしょう。

ローズピンクのアイコスは限定販売でしたが、今も根強い人気で、オークションサイトでは定価以上の価格で販売されています。

3
章

稼ぐ会議、ムダ会議、「人数」と「時間」が違う

稼ぐ人は、「6人以上の会議」を開かない

会議は6人以上になると「話し手」と「聞き手」に分かれる

会議には2種類あります。

「稼ぐ会議」と「ムダな会議」です。

言ってみれば、**「稼ぐための会議」**と**「会議のための会議」**の2つです。

稼ぐ人は、当然のことですが、「稼ぐ会議」をしています。

ただ、普通のビジネスマンは「ムダな会議」をしている人が多いのではないでしょ

うか？

以前、ＮＴＴデータ経営研究所が行なったビジネスマンの意識調査の中で、「会議等について、感じている問題・課題」を読んだことがあります。

会議にまつわる問題・課題のベストスリーは、以下の３つでした。

①ムダな会議が多い
②会議の時間が長い
③会議の頻度が多い

つまり、ビジネスマンの多くが「ムダで、時間が長く、頻度の多い会議」に悩んでいるのです。

僕が在籍していたトーマツでは、クライアントの規模によってチームの編成人数も変わります。

たとえば、年商３千億円規模の大手製造業であれば、10人以上のチーム編成になります。一方、学校法人のような会計内容がシンプルなところは、2、3人のチーム編成でした。

したがって、会議も2、3人のものから、10人以上のものまで、さまざまな人数になりました。その経験から、参加人数が多いほど、ムダな会議になることを実感したのです。

ただ、会議自体はけっしてムダなものではありません。

「会議のための会議」、つまり「ムダな会議」がムダなだけです。

稼ぐ話がなされる「稼ぐ会議」には、いくつかコツがあります。

「稼ぐ会議」の最初のコツは、「会議は少人数で行なう」ということ。

「少人数」とは、**ズバリ「5人以下」**。

「6人以上の会議」はすべてムダ。

「6人以上の会議」で稼ぐ話が飛び交うことはまずありません。

なぜなら、6人以上になると、どうしても当事者意識が薄れてくるからです。「話し手」と「聞き手」が何となく分かれるようになり、**会議とは名ばかりの「報告会」もしくは「演説会」**になるわけです。

「稼ぐ話」がなかなか出てこないので、会議がどうしても長くなりますし、頻度も多くなる。

まさに負のスパイラル。

ただ、会議の参加人数を「5人以下」にするだけで、正のスパイラルになるのです。

「いい飲み会」「いい会議」には共通点がある

「稼ぐ会議」の人数は、僕の経験上「4人」「5人」が理想です。

会議の目的は、いろいろな意見を出し合うこと。

そこにシナジーが生まれて、よりよいアイデアに昇華するからです。

そのような空気が作れるのは、人数が少なすぎても多すぎてもダメで、「4人」「5

人」がベスト。

1つのテーマで盛り上がる「適正人数」と言えるでしょう。「6人」では、ちょっと多すぎるイメージです。

これは、飲み会や会食の人数を考えてもわかるはずです。

「いい会議」の人数も、「いい飲み会」の人数も同じなのです。

どちらも人間同士のコミュニケーションの場です。

共通の話で盛り上がろうとすれば、「4人」「5人」が一番いいはずです。

「2人」「3人」ではやや緊張感があります。

また、人数があまりにも少ないと「想定外の名案」が出てこない可能性もあります。

「6人以上」になると、共通の話で盛り上がることは、まずありません。

必ず割れます。

会議と同様、**当事者意識が薄れて、話題が拡散する**ので、「2人」と「4人」、「3人」

と「3人」といった具合にグループが分かれてしまいます。

さらに「6人以上」どころか、「10人以上」になると、共通の話で盛り上がるのは不可能。

「10人以上」の飲み会や会食は個人的なつき合いというより、業界の会合や異業種交流会のようなものが多いはずです。

会議の理想人数も、飲み会の理想人数も同じなのです。

たとえば課長と係長——「役職の開きは1段階」が会議のコツ

会議と飲み会。

人によっては、まったく性格の違うものですが、どちらも人間同士のコミュニケーションの場。「盛り上がる飲み会」を考えれば、「盛り上がる会議」も自然と見えてきます。

会議も飲み会も「参加者の階層」に開きがないほうが盛り上がります。

「参加者の階層」とは、たとえば**「参加者の役職」**。

部長クラス2人と入社2、3年目の若手社員3人では、会議も飲み会も盛り上がりません。

もちろん、表面的には盛り上がるかもしれませんが、どうしても「話し手」と「聞き手」が明確に分かれるからです。

当然、「話し手」は部長クラス。「聞き手」は若手社員。若手社員は、下手なことを言えば評価につながりかねないという気持ちが先に立ち、**当たり障りのない発言になる**ものです。

実際、トーマツでの会議も「参加者の階層」に開きがある会議は、まったく盛り上がりませんでした。

たとえば、10人以上の会議であれば、管理職のシニアマネージャーやマネージャーから、僕らのようにスタッフと呼ばれる若手までが参加をしていました。

これでは階層に開きがありすぎて、僕ら入社1、2年目のスタッフはほとんど発言できないのが実情でした。

「稼ぐ会議」は**「階層の開き」は、1段階が基本。**

つまり、課長と係長といった具合です。

年齢であれば、4歳から5歳の年齢差が理想でしょう。

入社1、2年目の若手でも、4、5歳年上の先輩に対しては、自分の意見をある程度は言えるものです。

実際、トーマツでも、充実した会議は階層の近い人同士、年齢差が4、5歳といった場合が多かったと思います。

会議の参加メンバーの立場が近いので、「発言の質は考えなくていい。思ったことはどんどん言おう」という空気が何となく流れるのです。

その中で新入社員などは、ずいぶんと的外れな意見を言っていました。

ただ、上司や先輩にしてみれば、**新入社員たちの考えていることがわかる**わけです。

さらには「それは違うんじゃないか」と指摘することで、新入社員たちに気づかせることができるのです。

「稼ぐ会議」特有の正のスパイラルが始まる瞬間と言えます。

稼ぐ人は、「1会議・1テーマ」に絞る

稼ぐ組織に「定例会議が少ない」理由

「会議は少人数で行なう」——これが「稼ぐ会議」の最初のコツでした。
「稼ぐ会議」には、まだコツがあります。

「稼ぐ会議」は、1時間以内で終わります。

実際、**僕はほとんどの会議を、30分で終わらせます。**
長時間の会議をムダだと感じている人が多いのに、なぜ改善されないのか——。

その理由は、次の3つだと思います。

・会議の時間を最初から「1時間」「2時間」と時間単位で決めている。
・議題がハッキリしていない（アジェンダがしっかりしていない）。
・議題が2つ以上ある。

意外な問題点は**「定例会議」**。

「週1」「月1」で定例会議を開いている会社は少なくありません。

定例会議は「週1」「月1」で開くことが前提となっていますから、議題がハッキリしていないことが多いのです。これといった議題がないのに、「週1」「月1」だからといった理由で開かれる定例会議がいかに多いことか。

結局、話題があちこちに飛んで、ムダな会議になることが多いのです。

稼ぐ会社は、**ムダな「定例会議」が少ない**ものです。

明確な議題があるときに会議をするからです。

そのとき、必要不可欠なのが、アジェンダです。


「稼ぐ会議」には、必ずアジェンダがあります。


アジェンダがあるから、議題がハッキリするのです。

逆に言えば、アジェンダがない会議は、雑談会で終わることが多いものです。

アジェンダとは、「取り組むべき検討課題」「行動計画」といったような意味。会議で話し合う議題を明確にした文書です。

会議を「稼ぐ会議」にするためには、事前にこのアジェンダを作成し、参加者に配布しておくことが大前提。

アジェンダがしっかりしていれば、自然とムダな雑談がなくなります。

結果、会議の時間も大幅に短縮できるのです。

「1会議・1テーマ」だからすぐ結論が出る

「稼ぐ会議」は、1時間以内で終わる——。

その理由は、まだあります。

そもそも会議の時間を最初から「1時間」「2時間」と時間単位で決めていないのです。「1時間」時間を取っていても、議題が検討され、結論が出たら終了。

「稼げない人」は結論が出ても、ダラダラと雑談していることが多いものです。

「稼ぐ会議」が短時間で終了するのには、もう1つ明快な理由があります。


「1会議・1テーマ」が鉄則です。


「1会議・1テーマ」であれば、自然と集中力もアップします。

それだけ「稼げる結論」が出てくる可能性が高くなります。

1つの会議で、テーマが2つも3つもあれば、どうしても集中力が散漫になるもの。だいたいが1つのテーマについて、深く話し合おうという空気が薄れてくるので、「稼ぐ結論」が出てくる可能性が低くなります。

結論がなかなか出ないので、会議が長くなるという負のスパイラルが始まります。

「1会議・1テーマ」であれば、どんなに長くても、1時間で終わります。

集中力と緊張感が有益な会議を創り出すのです。

ですから、**アジェンダでは必ずその「1テーマ」を明記**しておきます。

会議のゴール、つまり「何をする会議か」を明確にするのです。

たとえば、「今回は、Aの案件について、とにかくアイデアをたくさん出してもらい、次回への材料とする会議」「今回は、Aの案件について、最終的に1つの結論に絞る会議」といった具合です。

会議のゴールが決まっていれば、開始時刻と同時に議題を進められます。

「この会議の人件費、1時間いくら?」——稼ぐ人のコスト意識

稼げない人は、**コスト意識が低い**ものです。

ですから、会議の時間の長さについて深く考えることもありません。

このような人ほど、会議には「時間」だけでなく、「お金」がかかるということを、まったく考えていないのです。

だから、会議でも「ムダ話」「雑談」「脱線」が多くなるのです。

会議には明確に、コストがかかっています。


会議のコストを考えるうえで、**人件費は1つの目安**になります。


日本の会社によくある会議で考えてみましょう。

「参加者の階層」に開きがあって、タップリ1時間かけるような会議。

稼ぐ会議には「稼ぐ哲学」がある

稼ぐ会議「5つのルール」

1、参加人数は5人以下。

2、役職の開きは1段階。

3、1時間以内で終わらせる。

4、「1会議・1テーマ」が鉄則。

5、事前にアジェンダを配布。

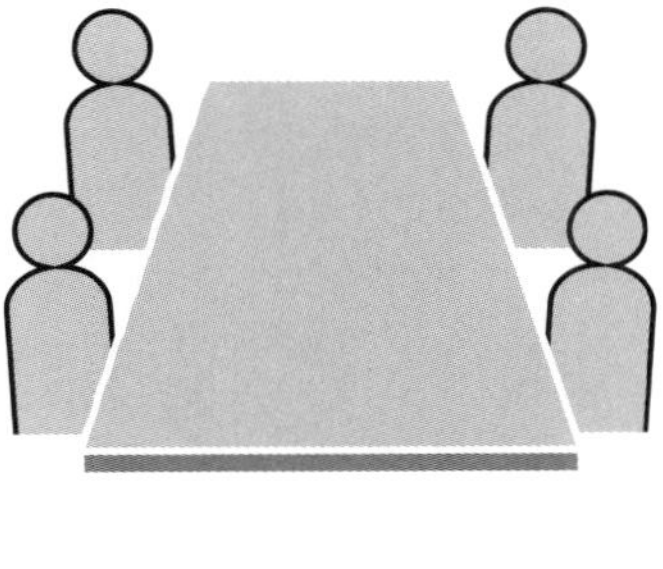

会議の成果が倍増！

たとえば、部長1人、課長1人、係長2人、平社員6人で1時間の会議を行なうとしましょう。これだけですでに10人です。

部長の年収が1000万円とすれば、時給は5000円。以下、課長の年収700万円とすれば、時給は3500円、係長の年収が500万円とすれば、時給は2500円。平社員の年収が400万円とすれば、時給は2000円――わかりやすくするために、そう考えるとしましょう。

すると、その会議のコストは、1時間あたり「5000円×1人+3500円×1人+2500円×2人+2000円×6人=2万5500円」となります。

つまり、**その会議は2万5500円以上の利益を上げないと、赤字**なのです。

「稼ぐ会議」とは、それが参加者の共通認識になっている会議です。会社によっては、進行役が「会議のコスト」について、会議前に触れるところもあるようです。

そのような会議は自然と「ムダ話」「雑談」「脱線」が少なくなるのです。

「1時間単位」でなく「30分単位」でスケジュールする効果

会議の時間が1時間ではなく、2時間になれば、当然2倍のコストがかかります。

また、会議の回数が1度だけではなく、2度、3度と増えれば、さらに2倍、3倍のコストがかかっていきます。

会議を行なう際に、時間とコスト意識がまったく働いていないことが、「会議のレベル」を大きく落としている原因なのです。これでは会議を行なえば行なうほど、「その人が本来の業務で得られるはずの利益」を失くしているも同然です。

ただ、逆に言えば、会議の**時間を半分にすれば、当然、コストは半分**になります。

そこで会議の時間を「30分」と今までの半分の長さにしてみる。

そもそも人間の集中力には限界があります。

集中力が持続するのは「30分」だと、僕は考えています。「30分」という時間だと、集中して生産性の高い議論ができます。

時間とコストを半分にして、成果を倍にする——といったことも可能だと思います。

実際、僕のスケジュールは、次のようにすべて30分単位になっています。

・10：00～10：30　事務所でミーティング
・14：30～15：00　都内の会議室で現在進行しているビジネスの相談
・16：00～16：30　都内のホテルでビジネスパートナーと情報交換

時間とコストの両面から考えて、「30分」という時間は理想的だと思っています。

「いい会議だったな」と参加者が思う会議の締め方

会議は「**終わりよければすべてよし**」。

これは「稼ぐ会議」の鉄則です。

つまり、「稼ぐ結論」が出れば、それでいいのです。

結論が出たら、それを**強調して共通認識にする**こと。

それをしないと、結論が「決まった」「決まらなかった」で、もめることがあるからです。だから、会議は「終わりよければすべてよし」なのです。

たとえば、B案に決定したら、会議のクロージングはたんに「B案に決まりました」ではなく、全体の要約、決定事項の再確認、そして次への行動を確認します。

ときには会議後、速やかに議事録を作り、参加者全員に配布して「稼ぐ結論」を共有することも大切です。

また、万が一、「稼ぐ結論」が出なかったとしても、次のようなクロージングで会議を締めるのは厳禁です。

×「それではAの案件については、お互いに検討しておきましょう」

「検討する」という言葉は、ビジネスではタブー。

こんな言葉を使っているようでは、誰も「検討する」ことはしません。会議のクロージングでこんな言葉を使ったら、それまでの時間が徒労に終わってしまいます。

稼ぐ人は、必ず**明確な数字を挙げて前向きな言葉**で締めます。

数字とは、たとえばスケジュールです。

その場で結論が出ないときでも、「終わりよければすべてよし」で会議を終えるのです。具体的には次のようにキッパリと締めます。

○「本日の議論を踏まえて、結論は2日後に必ず出しましょう」

○「本日いただいた質問は、私が明後日の再訪問までに処理します。その際に、最終結論をお伺いします」

といった具合です。具体的な話をせずに「検討します」で終わっては、いつまでたっても「稼げる結論」は出てこないのです。

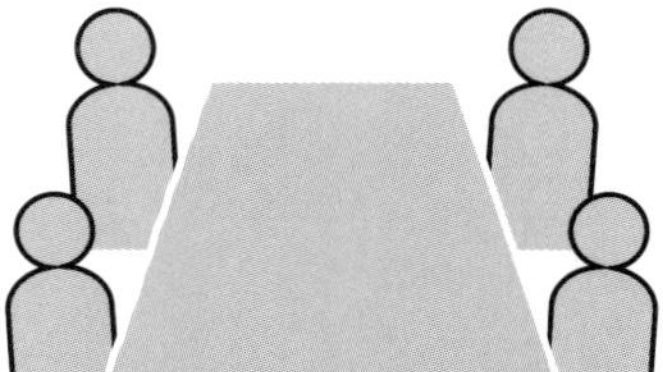

4
章

「稼ぐ言葉」で
自分を上手にアピールする

稼ぐ人は、「主語」を上手に使う

「私は」「私が」――自分を「主役」として話す

「主語」の使い方ひとつで、あなたの評価は高くなります。

実際、評価の高い人、つまり稼ぐ人は、会話の中で「私」「僕」といった**「主語」をさりげなく使って、「私」「僕」を上手にアピール**しているものです。

自分を「主役」として話す――と言っていいかもしれません。

たとえば、あなたがチームリーダーだとしましょう。そして、今、取り組んでいるプロジェクトに全力を傾けて、チームを一丸にし、成果を出しつつあるとします。

そんなとき、上司から進捗状況を聞かれたとしましょう。

あなたが次のように答えたら、上司はどう思うでしょうか？

×「現在、チーム一丸となって取り組んでいます。まだ課題もいくつかありますが、期日に間に合うよう、チームワークで乗り切りたいと思います」

従来の日本人ビジネスマンの模範的回答ですね。

しかし、こんな答え方では、間違ってもあなたの評価は高くなりませんし、稼ぐ人にもなれません。

と言うのも、このプロジェクトを成功させたとしても、このような返答をしていると、あなたが評価されるよりも、「みんな、よく頑張った！」と、**チーム全体が評価されるだけ**だからです。

評価が高い人であれば、上司に次のように返答するものです。

○「私が部員を激励してきたこともあって、現在、チームが一丸となりつつあります。まだ課題もいくつかありますが、部員に現状をフィードバックし、課題解決にチームワークで取り組んでいます。期日までには必ず間に合わせます」

これが評価の高い人の返答です。

つまり、話している内容はほとんど同じでも、「主語」を上手に使うことで、「私」を上手にアピールしているのです。

先ほどの返答と比べてみれば、上司に与える印象が違うことは明らかです。

「主語をあえて隠して話す」のも効果大

「私」「僕」を会話で使いすぎると、嫌味に聞こえる場合があります。

ただ、日本語は主語をあいまいにできる言葉。**「私」「僕」という言葉を実際に使わなくても、「主語」を使うことはできる**のです。

評価の高い人は、日本語のこの特徴を上手に利用しています。

「主語」を隠して使っているのです。

ここで、先ほどの会話を見てみましょう。この会話の中では、「私」という言葉は1回しか使っていません。ただ、「主語」を隠して使っている言葉が、2つありますので、合計3回ほど、「私」という言葉を使っていることになります。

どの言葉が「主語」を隠して使っている言葉か、わかりますか？

次の2つが「主語」を隠して使っている言葉です。

「部員に現状をフィードバックし」

「期日までには必ず間に合わせます」

たしかに「私」といった言葉は使っていません。

ただ、誰が聞いても、「主語」が「私」であることは明白。

評価の高い人は、**「主語を隠して使う」テクニックで、さらにアピールする**のです。

あなたがチームリーダーとして、「主語」を上手に使っていれば、プロジェクトが成功した際、上司が「みんな、よく頑張った！」と言うことはあり得ません。自分を主役として話していれば、上司があなたに抱く印象はまるで違うはず。

プロジェクトがうまくいったら、

「金川君、よく頑張った！」

と、チームリーダーの評価が高まります。

「平凡な一般論」+「主語」だけで「立派な意見」になる

どんな会社にも、そこそこ能力があるのに、評価が低い残念な人がいます。

ときには、結果も出しているのに、それさえ正当に評価されない人もいます。

その原因は明快。

ほぼ例外なく、**自己主張が下手**なのです。

では、なぜ自己主張が下手なのか――

これもほぼ例外なく、上司、同僚、部下に対する甘えがあるからです。

「部長なら、評価してくれるはずだ」

「同期のあいつなら、わかってくれるはず」

「後輩の彼女なら、いろいろ教えてやったから、見ていてくれるはず」

このような甘えは、ビジネスの現場ではすべて裏切られます。

このような甘えを、日本人の協調性であると勘違いしている人もいますが、そのような勘違いをしている限り、稼ぐ人にはなれません。

ビジネスの現場では、「部長」も「同期のあいつ」も「後輩の彼女」も、自分のことで精一杯で、あなたの仕事を見ている＋評価している余裕などありません。だからこそ、自己主張が必要なのです。

はっきりと自己主張するからこそ、

「金川は能力があるな」

「金川は結果も出しているな」

と、あなたのことを正しく評価してくれるのです。

結果、相手はあなたに一目置くのです。

上司、同僚、部下に対する甘えがあると、自己主張をせず、回りくどい言い方をしがちです。それが、当事者意識がない発言に聞こえてしまうのです。とくにチームで仕事をする場合は、その傾向が強く出ます。

自己主張のツールとして有効なのが、「主語」です。

たとえば、あるイベントの企画書に対する感想を、上司から聞かれたとします。

次のように答えたとすると、上司はどう思うでしょうか?

×「全体的にまとまっていると思いますが、今ひとつインパクトがないようです。はたしてこれでどれくらい集客が見込めるのでしょうか……。もう少しブラッシュアップしたほうがよいのではないでしょうか」

一見、至極まっとうな感想です。

ただ、「主語」がないので、主張、意見が感じられず、聞きようによっては、単なる一般論に思われる可能性があります。あなたの感想を聞いた上司からすれば、それこそ**「今ひとつインパクトのない」発言**に思うでしょう。

ただ、この発言に「主語」を入れるだけで、印象がガラリと変わります。

○「全体的にはよくまとまっていると思います。ただ、私でしたら、もう少しインパクトのある仕掛けを考えます。このままでは集客も計画を下回る可能性が高いですね。私としては、一度、担当に戻してブラッシュアップさせるべきだと思います」

「私」という「主語」を入れる――。

たった、それだけで、**一般論ではなく、発言者の意見になる**のです。具体的な改善策は言っていないにもかかわらず、主張、意見が感じられます。ただ、この場合、上司に感想を聞かれただけですから、具体的な改善策についてまで言及する必要もないわけです。

また「主語」を使うだけで、自然と断定的な口調になります。それがまた「自分の意見をしっかり持ったヤツ」という評価につながるのです。

一目置かれる人の話し方――「私目線」で話す

自分を効率よくアピールするには、つねに「私目線で話す」ことです。

つねに「私目線で話す」――と言っても、けっして難しいことではありません。何ごとも**「自分だったらどう思うか」「自分だったらどう言うか」**という視点で話すだけです。

たとえば、会議中、他の人の発言を聞いているときも、漠然とは聞かない。「自分だったらどう思うか」「自分だったらどう言うか」という視点で聞く。

たとえば、

×「なるほど。いいこと言うな」とか
×「それは違うように思う」といったように漠然と聞くのではなく、

○「なるほど。いいこと言うな。ただ、私だったら……」
○「それは違うように思う。私だったら……」

といったように、「私目線で聞く」。

つねに、「自分だったらどう思うか」「自分だったらどう言うか」という視点で考えるという意識を持ち、間違ってもいいから答えを出してみる。

これが習慣化すれば、必ず**「他人が一目置く意見」を言える人**になるはずです。

結果、どのような場面でも臆することなく、自分の意見や立場を表明できるようになります。

「私が来週までにやっておきます」「私ならこちらの案を推します」「私としてはぜひ、進めたい案件です」といった具合に、主語を入れて話せば、言葉に力強さを増し、説得力もアップします。

自分を主張できれば、日本人が苦手とする**「断る」ことのハードルも低くなります**。

「金川君、忙しいところすまないが、来週末までにこの仕事を片づけておいてくれないかな」

「部長、大変申し訳ありません。私が、現在抱えている案件が来週半ばまでかかります。来週半ばから取りかかるのでは遅すぎますか？」

自分の状況をはっきりと説明することによって、上司にも納得できるかたちで断ることができます。

「主語」を意識して話す――それだけであなたの評価は高まるのです。

稼ぐ人は、「場の空気」を壊して、流れを変える

「ここからが重要箇所なのですが」で、注意をうながす

人間の集中力の持続時間は、**30分が限度**――。

集中力が低い人は、20分も持続できない人もいます。

実際、どの会社であれ、会議や打合せが30分を経過すると、出席者は集中力が落ちて、ダレてきます。

そんなダレてきた空気の中で、「大事なポイント」や「絶対に覚えておいてほしい重要箇所」を話すのは、何とも効率が悪いもの。

で、そんなときは、どうすればいいのか？

「相手の集中力を一気に高めるひと言」を使うのです。

この「相手の集中力を一気に高めるひと言」を使えば、どんなダレた会議、打合せでも、ウソのように引き締まります。

具体的には、「大事なポイント」や「絶対に覚えておいてほしい重要箇所」を話す前に、次のような「ひと言」を入れるのです。

○「ここが、大事なポイントなのですが……」
○「ここが、絶対に覚えておいてほしい重要箇所なのですが……」

いかがですか?

「そんなベタなテクニックが、実際に通用するのか?」と思った人もいると思います。
ただ、実際に試してみればわかります。この「ひと言」は確実に効果があります。

あなたが、ダレた会議や打合せに出席していることを考えれば、わかるはずです。

ダレた会議や打合せで、あなたの集中力もそろそろ限界に近づいてきました。

そのとき、誰かが「ここが、大事なポイントなのですが……」とか「ここが、絶対に覚えておいてほしい重要箇所なのですが……」と言えば、一気に集中力が高まるはず。とりあえずは、その人の言うことに耳を傾けるのではないでしょうか。

「相手の集中力を一気に高めるひと言」は、大勢の前で話すときも有効です。

この「ひと言」をはさむだけで、**参加者はハッとして聞き耳を立ててくれます。**

たとえば、セミナー。僕は、自分が主催するセミナーでは、「相手の集中力を一気に高めるひと言」を使って、参加者の集中力を高めています。

セミナーが始まって、10分、20分くらいであれば、参加者も多少は緊張していますし、集中力もありますから、しっかり聞いてくれています。

使いどころは、そろそろセミナーも後半戦に入ろうかという頃。

セミナーは後半になればなるほど、大事な話になってきます。
ただ、後半になればなるほど、セミナー慣れしていない参加者は疲れてくるのです。
そのタイミングに、「相手の集中力を一気に高めるひと言」を使うのです。

○「ここからが、本日の結論になるのですが……」
○「ここからが、とてもおもしろい話なのですが……」

このとき、声のトーンを一段階上げるのがコツ。
会場に緊張感が走るのが、わかります。

「ここから話すことはメモしてください」で、関心をあおる

稼ぐ人は、たった「ひと言」で、相手の集中力を一気に高めることができます。

また、稼ぐ人は、**たった「ひと言」で、相手の関心を高める**こともできます。「相

手の集中力を一気に高めるひと言」を、さらにパワーアップした「ひと言」があるのです。

言ってみれば、「相手の関心を一気に高めるひと言」。

「相手の関心を一気に高めるひと言」は、相手が話し手の言うことをまったく想定していない場合、相手が話し手とはまったく別のことを考えている場合に有効です。

つまり、この「ひと言」で、**相手に「盲点」を気づかせる**ことができるのです。

たとえば、営業会議では、当然のことながら「営業成績アップ」に直結する話が多くなります。**いかにして成約率を上げるか、いかにして集客力を高めるか**——といったテーマを中心に会議が進行していきます。

ただ、グループリーダーのあなたは、部員とはまったく別のことを考えているとし

「相手の心」を引き寄せる、たった一言

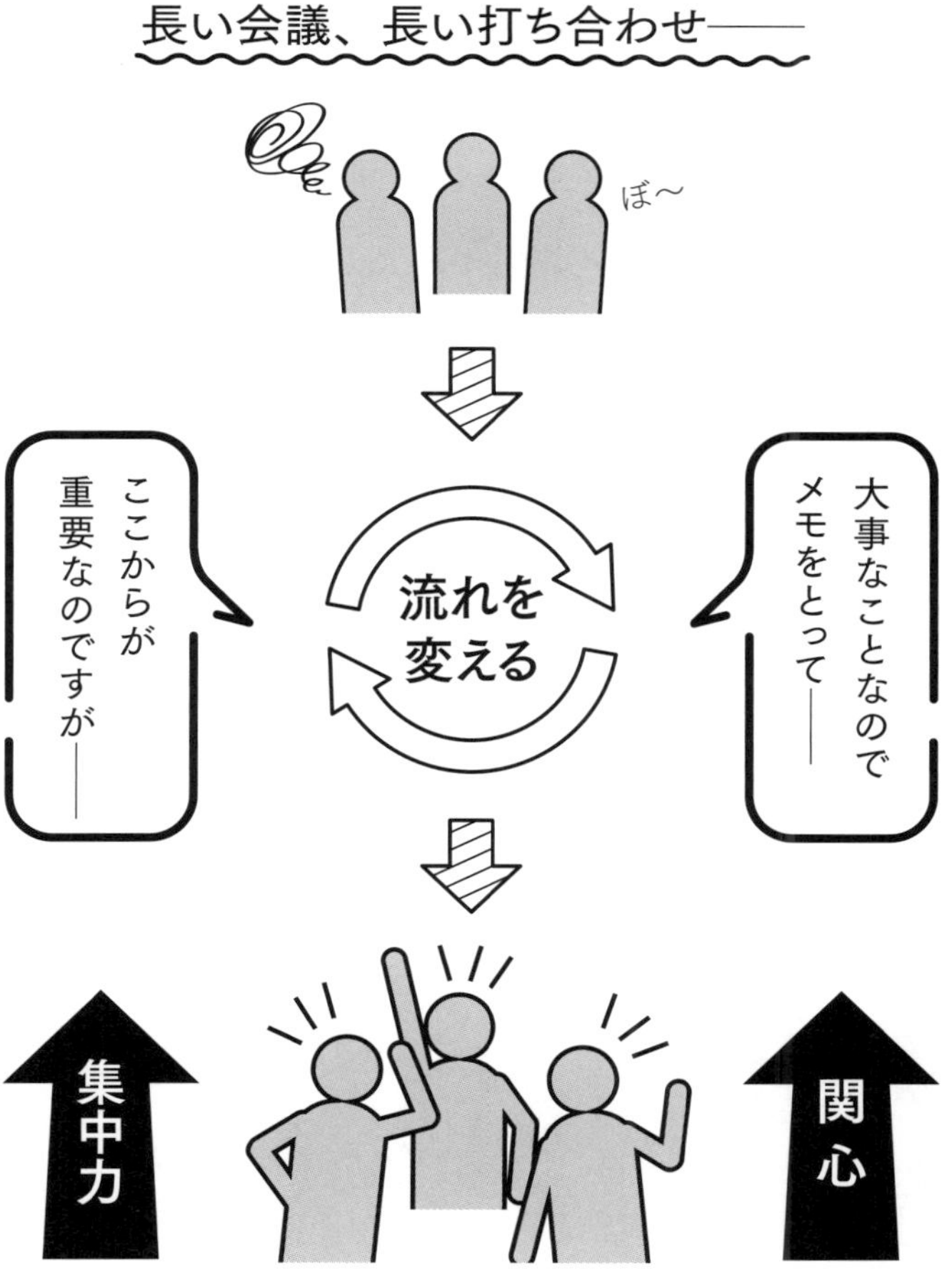

ます。中長期的に「営業成績アップ」を実現するポイントは、今現在は「成約率」でも「集客力」でもなく、部員がまったく考えてもいなかった「**人材**」だと考えているような場合です。

この場合、いかにして部員の営業スキルを高めるか——が、あなたにとって「最大の関心事」であるにもかかわらず、部員にとっては「盲点」となっているのです。

部員に「盲点」を気づかせるには、どうすればいいか——。

「相手の集中力を一気に高めるひと言」では、今ひとつ、インパクトが弱いのです。

×「**これから話すことは、大事なことです**」

このとき、部員は、今現在は「成約率」と「集客力」のことしか考えていません。だから、いきなり「人材」の話をされても、中途半端に聞いてしまったり、話のポイントを聞き間違えたりするものです。

このようなときこそ「相手の関心を一気に高めるひと言」を使うのです。

○「これから話すことは、大事なことです。メモをとってください」

「メモをとってください」といった、**行動をうながす言葉を使う**ことで、相手の関心を高めることができるのです。

と言うのも、話を聞くだけでなく、メモをとるなら、あなたの話を中途半端に聞いてしまったり、話のポイントを聞き間違えたりすることがなくなるからです。

また、相手に行動させるのではなく、あなた自身が行動してもインパクトが大きくなります。

○「これから話すことは、大事なことなので、ホワイトボードにも書きます」

相手の関心を引くには、言葉だけではなく、パフォーマンスが有効なのです。

このとき、部員は、手元の資料やレジュメを見ていて視線が下がっていますから、前を向かせて注目させるわけです。そしてホワイトボードに書いたことは、メモにとらせたり、スマホで撮影させます。

つまり、**記憶にも、記録にも残す**わけです。

「記録に残して、記憶させる」と言っていいかもしれません。相手に行動させる、自分が行動することによって、話のインパクトはそれだけ大きくなるのです。

「3日以内にやってください」で、行動力を高める

相手に、動いてもらう――。
相手に、手伝ってもらう――。
相手に、譲ってもらう――。

相手に、買ってもらう――。

稼ぐ人は、例外なく、相手の行動力を高めるのが上手です。

「相手の行動力を一気に高めるひと言」を上手に使って、周りの人を知らず知らずのうちに自分のペースに引き込み、イニシアティブを握っているのです。

具体的に、どのように上手に使って言うでしょうか？

「時間」を絡ませているのです。具体例をあげてみましょう。

×「この案件の詳細、確認しておいてください」

○「この案件の詳細、３日以内に確認しておいてください」

このように指示すれば、必ず3日以内にやってくれるでしょう。今日から、最優先で集中して取り組んでくれるかもしれません。

じつは、この「3日以内に」という言葉は、キラーワードなのです。

「今日から」「明日から」では、相手にプレッシャーを与える恐れがあります。

「3日以内に」だと、**少しばかり余裕があるように感じる**ものです。

僕の経験上、ビジネスの現場で「3日以内に」と言えば、「3日後」にやる人はほとんどいません。ほとんどの人が「今日から」「明日から」やってくれるように思います。

ただ、僕のトーマツ時代の上司のキラーワードは「今日」でした。

大事な話をするときは、必ず「今日」というキラーワードを使っていました。

×「この本は絶対にためになる。読んでおくといい」ではなく、

○「この本は絶対にためになる。今日、帰りに買って読んでおくといい」

という具合。

「今日」という言葉が出てくるたびに、僕は思わず背筋が伸び、緊張したものです。相手の注意を引きつつ、数字を絡めて具体的に指示を出す――ワンランク上の話し方と言っていいでしょう。

稼ぐ人は、「刺さる言葉」で自分を印象づける

「アメリカ・ファースト!」――トランプ大統領の言葉が刺さる理由

稼ぐ人は「刺さる言葉」を使うのが上手です。

だから、極端な話、人と同じようなことを話していても、**相手の印象に長く残る**のです。

たとえば、次の2つは、アメリカのドナルド・トランプ大統領の有名な言葉です。

○「アメリカ・ファースト!」

○「メイク・アメリカ・グレイト・アゲイン!」

どちらも英語ですが、日本人が読んでも、とてもインパクトのある言葉です。トランプ大統領は、約31億ドル（約3460億円）もの資産を誇る不動産王としても知られています。

まさに、稼ぐ人ならではの「刺さる言葉」と言えるでしょう。

先の2つの言葉は、それぞれ「アメリカ第一！」「アメリカを再び偉大な国に！」といったような意味ですが、アメリカ人だけでなく、日本人が聞いても刺さる言葉だと思います。

実際、「アメリカ」を「ニッポン」「ジャパン」に置き換えても、充分に刺さります。かなり右寄りな発言に聞こえますが（笑）。

○「ニッポン・ファースト！」
○「メイク・ジャパン・グレイト・アゲイン！」

これらの言葉はいずれも短いフレーズです。
しかも、使っている言葉は、非常にシンプルなものばかり。つまり、**短くてシンプルだからこそ、インパクトがある**のです。

じつは、これらの言葉は、**サウンドバイト**というテクニックを使っているのです。

だから、これらの言葉は、私たちに刺さるのです。
サウンドバイトとは、そもそも政治家の演説やスポーツ選手のインタビューから、メディアが一部を切り取って、引用するフレーズのことです。言葉のプロであるメディアが読者や視聴者の心に刺さるだろうと察知し、チョイスした言葉です。
サウンドバイトには、先ほども言ったように、特徴があります。

短くて、わかりやすい言葉を繰り返す――

ということです。

「アメリカ・ファースト！」も「メイク・アメリカ・グレイト・アゲイン！」も、短くて、わかりやすい言葉の繰り返しです。

だから、人の記憶に残りやすいのです。

「短い」「覚えやすい」「キレがある」──刺さる言葉の3条件

ビジネスマンも、サウンドバイトを使えば、自分の話を印象づけることができます。

サウンドバイトは、何も政治家やスポーツ選手だけのものではないのです。

政治家やスポーツ選手は、そもそもニュース価値のある存在。彼らの言葉からメディアが刺さる言葉をチョイスして作ってくれますが、その作業を自分でやればいいだけの話です。

そんなに難しくはありません。

次の3つの条件のうち、2つ以上満たす言葉を選んで組み合わせればいいのです。

①短い言葉
②覚えやすい言葉
③キレのある言葉

難しい単語や表現ではなく、誰もがマネできるような日常的な言葉がよいのです。

「アメリカ・ファースト！」も「メイク・アメリカ・グレイト・アゲイン！」も、短くて、覚えやすくて、キレのある言葉の組み合わせです。

営業トークでは、今は使い古されていますが、次のようなフレーズがサウンドバイトの条件を満たしていると言えます。

○「絶対、損はさせません！」
○「今が、最後のチャンスです！」

自分の仕事の中から、短くて、覚えやすくて、キレのある言葉を探すことです。
ここ数年、僕がビジネスで、サウンドバイトを活用しているのが、次のフレーズ。

○「教えることは、喜びだ！」

ビジネスの基本は「教えること」です。「教えること」は、情報を発信すること。僕が情報発信することで、仲間やお客さんの成果が上がるのは、とてもうれしいことです。そして、さらにうれしいのは、それによって、今度はその仲間から新たな情報が僕にどんどん流れ込んでくるということなのです。

まさに「教えることは、喜び」なのです。

「攻めからしか守りは生まれない」――人生を変える言葉のコツ

サウンドバイトには、「人の人生を変えるだけの力」があります。

実際、僕は、**たった1つのサウンドバイトで人生が変わった**のです。

高校3年の初春、僕は大学受験に失敗しました。

滑り止めで受けた大学は合格したものの、第1志望の大学は落ちてしまったのです。落胆しました。ただ、僕の中では「ま、滑り止めの大学でもいいかな」といった気持ちが芽生えていたのも事実です。

そのとき、祖父が僕に言ったひと言が、僕という人間を変えたのです。

◯「攻めからしか守りは生まれない」

この言葉はインパクト大でした。

このひと言で、僕は浪人を決意したのです。

「ここで妥協したら、一生守りの人生になってしまう。ここはもう一度攻めて、第1志望校に再挑戦しよう」という気持ちになったのです。

今思えば、そのときの僕には守るべきものなんてありませんでした。

だからこそ、攻めなければいけなかったわけです。

おそらく、祖父はそれがわかっていたのでしょう。ちなみに、僕の祖父は、80歳になるまで漁師と投資家の二刀流をこなしていた「すごい人」でした。

サウンドバイトには、周囲の人をポジティブにする効果もあるのです。

「ガッツリ！」「グイグイ！」……擬態語のパワーを使おう

稼ぐ人は**「擬音語」「擬態語」を使うのが上手**です。

「擬音語」「擬態語」というのは、「リンリン！」「ふわり」といったように、音や状態などを表す言葉のことです。

「擬音語」「擬態語」を上手に使うと、話に臨場感が出るのです。

結果、人を引きつけることができるのです。

「擬音語」「擬態語」の名手として、プロ野球の往年の名選手・長嶋茂雄さんがいます。長嶋さんは、現役時代、監督時代を通じて、「ミスタープロ野球」として数々の「伝説」を残しています。その1つに、「擬音語」「擬態語」を使ってバッティング指導をしたという話があります。

○「グゥーッ！ と構えて！」

○「バーンッ！ と打つんだ！」

といった具合。野球の素人にはわかりにくいですが、メジャーリーグでも大活躍した松井秀喜さんは、この指導のおかげでバッティングに開眼したというのですから、恐るべしです。

たとえば、ダイエット本も、「擬態語」を使うと説得力が出てきます。

×「脂肪が落ちる」ではなく、

○「脂肪がどっさり落ちる！」

としたほうが、ダイエット効果がありそうな気がします。
また、英会話教室の宣伝文も同様。「擬態語」を使うとインパクトが高まります。

×「英会話が上達する」ではなく、
○「英会話がどんどん上達する」
○「みるみる英語が話せるようになる」

としたほうが、学習効果があるような気がします。
ビジネスでも同様です。
朝の挨拶に「擬態語」を使うだけで、職場のモチベーションが上がったりします。

×「今日も1日頑張ろう」ではなく、

○**「今日も1日、ガッツリ行こう！」**

としたほうが、不思議と士気が上がります。

スピードアップをうながすときも、たんに「早く済まそう」より「サクサクッとやっつけよう」のほうが、リズム感があります。僕も**「ガッツリ」**や**「ドンドン」「グイグイ」**といった「擬態語」は、口癖のように使っています。

○**「さぁ、午後もグイグイいくか！」**

と、昼休み明けに、ひとり言のように言えば、周りのテンションも上がるし、自分自身にもスイッチが入ります。

稼ぐ人は、自己紹介を「2つ用意している」

会議では「1分の自己紹介」。パーティーでは「2分の自己紹介」

「人は**第一声が9割**」――と、僕は思っています。

普通は、「人は見た目が9割」と言われています。

たしかに、服装や顔つき、持ち物などで、どのような人物なのか、ある程度わかるものです。

しかし、僕の経験上、ビジネスでは**「見た目」以上に大事なのは「第一声」**。

つまり、自己紹介であり、挨拶です。

自己紹介や挨拶によって、相手に強い印象を残し、「一緒に仕事をしたい」と思ってもらえれば、稼ぐ道は自然に拓けます。ビジネスでは、自己紹介や挨拶は、それだけ大事なのですが、深く考えもせず漫然とやっている人が多いようで、ちょっと驚くことがあります。

どんな自己紹介をするか、どんな挨拶をするか——僕は日頃から考えています。TPOに合わせて、つねに言葉も選びます。

まずは、自己紹介——僕は、**自己紹介を2パターン用意**しています。

「1分の自己紹介」と**「2分の自己紹介」**です。

「1分の自己紹介」にするか、「2分の自己紹介」にするかは、TPOに合わせます。

社内外の会議など、比較的、短時間で自己紹介する場合は、「1分の自己紹介」を使います。

社外の会合やパーティーなど、時間に余裕がある場合に自己紹介する場合は、「2分の自己紹介」を使います。

わかりやすく言えば、ビジネスライクなシーンでは「1分の自己紹介」を使い、くだけた場では「2分の自己紹介」を使う——と考えてもらってかまいません。

会議では「自分の得意分野」を話す

稼ぐ人が、自己紹介を「2つ用意している」のには、明快な理由があります。

社内外の会議と、社外の会合やパーティーとでは「場の空気」がまるで違うからです。1つの自己紹介を使い回していては、とても「稼ぐ人の話し方」などできません。

では、「1分の自己紹介」と「2分の自己紹介」、どこが違うのでしょうか？

まず、「1分の自己紹介」では、「**自分の得意分野**」を必ず話します。

なぜなら、「自分」を会議の出席者の記憶に残すためです。

自己紹介で、自分の名前、社名（部署名）、担当、経歴を言って、最後に「よろしくお願いします！」で終える人がいますが、まさに論外。このような自己紹介では、出席者が全員、自己紹介するような場合、1人がいろいろなことを話すので、記憶に残りません。

自己紹介とは言ってみれば、**自分の「存在理由」を表明する場**。

ビジネスマンにとって、自分の「存在理由」とは、自分の「得意分野」に他なりません。

トーマツ時代、社内外の会議で自己紹介する場合、僕は次のように、自分の「得意分野」をアピールしていました。

○「現預金と借入金を見るのが得意です。ですから、不正を見抜くのは私にお任せください」

「現預金と借入金を見るのが得意」「不正を見抜くのが得意」といった自分の「仕事論」を入れることで、「こだわり」のようなものもアピールしたのです。その「仕事論」が個性的であると、この場合のようにユーモラスな印象が出てきて、会議の場を和ませることもできます。

つまり、自己紹介に「仕事論」や「こだわり」を入れることで、「できる自分」をアピールできるだけでなく、「ちょっとおもしろいヤツ」と、聴衆に「自分」を印象づけることもできるのです。

△「現預金と借入金を見るのが得意です」

これだけでもいいのですが、先の自己紹介と比べると、インパクトはいまひとつと言わざるを得ません。

自分の「仕事論」「こだわり」を話して、自分の「存在理由」を大いにアピールするべきです。

((・)) パーティーでは「自分の得意分野＋自分の魅力」を話す

社外の会合など、時間に余裕がある場合は、「2分の自己紹介」を使います。

「2分の自己紹介」では、「自分の得意分野」と**「自分の長所」**を必ず話します。

大事なことは「自分の得意分野」と「自分の長所」をしっかり分けて話すこと。自己紹介の下手な人は、この2つをごっちゃにしているのです。では、「自分の得意分野」と「自分の長所」は、どこが違うのか？

「自分の得意分野」は、「ビジネスマンとしての自分の魅力」と言っていいでしょう。「自分の長所」は、**「人間としての自分の魅力」**と言っていいでしょう。

社外の会合やパーティーはくだけた場であることが多いですから、「人間としての自分の魅力」をアピールする絶好な場とも言えるでしょう。

僕は自己紹介では、次のような「自分の長所」をさりげなく入れていました。

○「私は子どもの頃からピアノとトロンボーンをやってきました。そのおかげで手先が器用になり、キーボードのブラインドタッチは自然に覚えられました」

これも、先の場合と同様、「私は子どもの頃からピアノとトロンボーンをやってきました」だけでもいいのです。ただ、「パソコン」という仕事ツールにつなげることで、自分の「存在理由」を高めようとしたのです。

つまり、私の自己紹介を聞いている人が、「手先が器用でパソコンも得意なのか。この金川って人、仕事も手際よく器用にこなしそうだな」と思ってほしい……という狙いです。あまり露骨に話すよりも、**さりげない話で、相手に「できる自分」というイメージをインプットさせる**ことが、自己紹介の肝なのです。

また、自己紹介では、話す内容はもちろんですが、態度も大事です。

何よりもまず、参加者と「**目線を合わせて話す**」こと――。

意外に、これができている人が少ないんです。

「目線を合わせて話す」は、「自信がある人に見せる」絶対条件。

キョキョロと目線を動かしながら話すと、何とも落ち着きのない印象を与えてしまいます。それに「目線を合わせて話す」と、相手もそれだけしっかりと聞いてくれるものです。

自己紹介は、稼ぐ人への登竜門――。

あなたの **「存在理由」を大いにアピール**してください。

5
章

仕事は「この雑談」で、意外な差がつく

稼ぐ人は、「雑談」でも稼ぐ

((・))「稼ぐ雑談」「ただの雑談」、ネタがまったく違う

雑談でどんな話をするか——。

稼ぐ人にとって、これも大事なテーマです。

雑談は、人間としてのレンジの広さをアピールする、またとないチャンス。

仕事の情報だけでなく、**プライベートでも有効な情報をたくさん知っている**——ビジネスマンにとって、これは明らかに、アピールポイントになるはずです。

「**稼ぐネタ**」をどれくらい知っているか——が、最大のポイントなのです。

ただ、雑談であれば何でもいいわけではありません。

プロスポーツや音楽、映画のネタは、「趣味性が高い」という難点があります。「趣味性が高い」ネタというのは、相手がそれについて知らないとまったく会話にならないネタのことです。

世間一般では、読売ジャイアンツがどんなに人気があっても、当の相手がプロ野球に関心がなければ、「稼ぐネタ」になるどころか、不快感さえ与えてしまいます。

また「趣味性が高い」ネタは、「話す場所」を選ぶという難点があります。

レストランや電車の中では、「趣味性が高い」ネタも問題ないかもしれませんが、オフィスでそのような話をすることを嫌う人もいるからです。

つまり、**「趣味性が高い」ネタは、「稼ぐネタ」としては不適切**なのです。

では、どんなネタが「稼ぐネタ」なのか？

「稼ぐネタ」とはズバリ、次の3つです。

①「筋トレ」ネタ
②「本」ネタ
③「グルメ」ネタ

「稼ぐネタ」はなぜ、この3つなのか——。

仕事が多少でもできる人であれば、例外なく、この3つに関心があるからです。

できる人であれば、自分の体、健康に気を使うのは、ある意味、当たり前です。だから「健康」「筋トレ」ネタには、関心があるし、自分でも情報を持っています。

また、できる人は、体の健康だけでなく、心の健康にも気を使います。だから、本をよく読むものです。また、読まないまでも、本や新しい情報についてもっと知りたいというニーズがあります。


だから、「本」ネタ——**本の話をすると、できる人ほど関心を示す**のです。

最後は「グルメ」ネタ。

仕事ができる人は、体の健康のためにも、心の健康のためにも、「いいもの・おいしいものを食べる」ことが大好きです。だから「グルメ」ネタで話が弾まないことは、まずありません。いい情報を教えてあげれば大喜びしますし、逆に、いい情報も大喜びで話してくれます。

では、次から「稼ぐネタ」を一つひとつ見ていきましょう。

「お金持ちが興味のある話」は稼げる!

「ビジネスの説得力は、胸板の厚さに比例する」――。

この名言は、僕のトーマツ時代の尊敬すべき先輩・W先輩の口癖です。

W先輩からはじめてこの言葉を聞いたときは、正直、ピンときませんでした。ただ、実際に自分でトレーナーについて、筋トレをするようになって、「なるほど」と感じるようになりました。

というのも、**ビジネスと筋トレは、共通項が多い**のです。

だから、「筋トレ」ネタは、仕事に直結した「稼ぐネタ」として使えるのです。

ビジネスも、筋トレも、まずは目標を設定します。

ビジネスであれば「月の売上1000万円突破」、筋トレであれば「腹筋をシックスパックにする」といったように、もちろん目標の種類は違います。

ただ、一度、目標を立てたら、目標をクリアするために綿密に計画を立て、ストイックに自分を律する――という点では、ビジネスと筋トレは同じなのです。実際、筋トレを続けるのはしんどいもの。やめたいと思うこともあります。しかし、継続すれば成果が確実に目に見えてわかります。

努力は裏切らない――この成功体験は、仕事にも応用できます。

つまり、「筋トレ」ネタは、**「目標達成能力」ネタ**でもあるのです。

また、筋トレはステップアップの連続です。

新しい目標をクリアしていく過程を体感できます。

たとえば、30キロのバーベルに慣れてくると、少しウエイトを重くします。さらに新しい目標を立てて、それ以上の筋肉をつけるためです。そうやって徐々にステップアップしていきます。

仕事も同様。つねに新しい課題、目標を定め、それを乗り越えることでキャリアアップできるのです。

つまり、「筋トレ」ネタは、**「キャリアアップ」ネタ**でもあるのです。

ビジネスと筋トレは、共通項が多い。だから「筋トレ」ネタは、使えるのです。

相手が「筋トレ」していなくても、ビジネスの現場で盛り上がることは充分に可能です。

相手との「意外な共通点」を見つける――雑談の目的

仕事ができる人はなぜ筋トレをするのか――。

以前、このようなタイトルのベストセラーを読んだことがあります。

このタイトルは、まさに正論だと思います。ビジネスと筋トレに共通項が多いのであれば、それもそのはず。

さらには、次のようにも言えると思います。


筋トレする人は、**例外なく仕事ができる**――。


実際、筋トレで鍛え上げた胸板が厚い人は、スーツ姿が似合います。

堂々として、自信満々に見えます。

とくに初対面であれば、「堂々として、自信満々に見える」という印象は、とても有効です。

また、「筋トレ」ネタは、**ビジネスシーンで話しやすい**という特徴があります。

「人は見た目が9割」とはよく言われますが、「見た目」ネタは取り上げにくいものです。

ルックス、髪型、表情、ファッションなどなど、相手の「見た目」がどんなに素晴らしくても、ビジネスシーンでは、よほど親しくならないうちはネタにしくいもの。

実際、相手がイケメンでも、「イケメンですね」とは、なかなか言えるものではありません。また、相手が素敵なネクタイをしていたとしても、「いいネクタイですね」と言うのも何となく気恥ずかしいもの。

ただ、「筋トレ」ネタだけは例外なのです。

しかも、「筋トレ」ネタは、**話しやすいだけでなく、盛り上がりやすい**のです。

たとえば、初対面の相手が、スーツ姿でもわかるような鍛え上げられた肉体の持ち主だったとします。このような場合、

「素晴らしいお体ですね！　何かスポーツをなさっているんですか？」

と、簡単に話すことができます。そこから相手が、

「学生の頃はサッカーをやっていて、今はジムに通っています」

と答えればしめたもの。

○「あぁ！　僕もサッカーやっていたんですよ！」

○「あぁ！　僕もジムに通っているんですよ！」

といった具合に、**相手と自分の共通点を見つけて、話題にすればいい**のです。

初対面の相手に共通する経験があれば、話は弾みますし、相手との距離もグッと縮まります。

稼ぐ人の「ネタ帳」を公開！

稼ぐネタ帳

①「筋トレ」ネタ

→ ビジネスと筋トレは、
共通項が多い！

目標達成　キャリアアップ

②「本」ネタ

→ 成功するための
有益情報が！

金持ちが喜ぶネタは？

③「グルメ」ネタ

→ 稼ぐ人は、
例外なくグルメ！

B級グルメもチェック

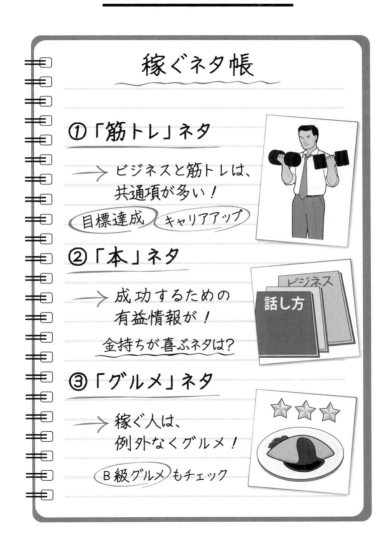

僕の経験では、「筋トレ」ネタは高確率で盛り上がります。

体格がいい、胸板が厚い、お腹が出ていない、日焼けしている……初対面の相手に**「体を鍛えている」空気**を感じたら、まずは「筋トレ」ネタを振ってみるべきです。

稼ぐ人は、「本」を稼ぎのツールにする

電車の中で本を読む人が少ないほど、本は「武器」になる

本は「**武器**」になる——。

今、あなたが読んでいるこの本も、例外ではありません。

ある意味、これは当たり前のこと。
内容の濃いビジネス書や自己啓発書であれば、仕事や人生で**成功するための有益な情報がまとまって書かれている**わけです。そのような本が「武器」になるのは、当然

と言っていいでしょう。

ですから、僕は少しでも時間ができたら、本を読むようにしています。

最近、通勤電車で本を読んでいる人は、どのくらいいるでしょうか？

ほとんどの人がスマホとにらめっこしています。

もちろん、スマホでメールや経済ニュースなどをチェックするのはいいのですが、そういう小さな情報は「スキマ時間」や「ながら時間」といった「小さな時間」に入手すればいいように思います。

通勤時間というのは、意外に「大きな時間」。

少ない人でも30分、多い人によっては1時間以上あります。

そのような「大きな時間」は、本のコンテンツのように、**まとまった情報を仕入れるのが最適**のように思います。

しかも、ビジネスマンは忙しいですから、通勤時間以外に、1日のうちで、30分、1時間といったまとまった読書時間を取れる人は少ないはずです。

まさに、通勤時間こそ、稼げる「本」ネタを仕入れる、最高の時間なのです。

ただ、通勤時間で本を読んでいる人は、ほとんどいないのが現状。

じつは、この状況は、あなたにとって、またとないチャンスなのです。

本を読む人が少なければ少ないほど、本は大きな「武器」になるからです。

つまり、**あなたの一人勝ちになる可能性が大**なのです。

「金持ちが喜ぶネタはないか」という視点で本を読む

僕は、月に20冊以上は本を読んでいます。

そのほとんどがビジネス書であり、自己啓発書です。

月に20冊以上は本を読んでいると言うと、「読書家ですね」と感心されますが、僕自身はとくに本が好きなわけではありません。

読む本といえば、ビジネス書や自己啓発書ばかりで、小説やエッセイはほとんど読みませんから。

本が好きだからたくさんの本を読んでいるというより「稼げるネタ」を知りたいという思いが強いから本を読んでいるようなものです。

「稼げるネタ」を見つけるには、ちょっとしたコツがあります。

「稼げるネタ」とは、人生や仕事の武器になるネタのこと。


つまり、「稼げるネタ」とは、人に話して喜ばれるネタのことです。


だから、**「人に話して喜ばれるネタはないか」という視点で、本を読む**のです。

ロバート・キヨサキ氏の世界的ベストセラーで、『金持ち父さん　貧乏父さん』という本があります。

この本は、世界で1千万部以上、日本でも100万部以上売れた本です。非常に長大かつ濃厚な本なので、とてもひと言で説明することはできません。説明するとなると、最低30分はかかるでしょう。

ただ、それでは「稼げるネタ」になりません。

「人に話して喜ばれるネタはないか」という視点で、『金持ち父さん　貧乏父さん』を読んでいれば、印象的なフレーズがたくさん目にとまります。

たとえば、**僕の心に刺さったフレーズ**に次のようなものがあります。

「起業家は3種類の人に売り込みをしなければならない」

ビジネスの**雑談の前振りとして、最高**じゃないでしょうか？

起業家でなくても、できるビジネスマンであれば、「3種類の人って誰だろう？」と気になるものです。しかも、「3種類の人」にそれなりの意外性があるので、僕の経験上、このネタを振ると必ず場は盛り上がります。

先ほどのフレーズには、次のようなフレーズが続きます。

「それは、**投資家**、**従業員**、そして**顧客**だ」

僕にとって、これこそまさに、人生や仕事の武器になる「稼げるネタ」です。

「3種類の人」のうち、最初の「投資家」と最後の「顧客」は、できるビジネスマンにしてみれば、ある意味、当たり前。

ただ、2人目の「従業員」は、見落としがちです。

会社の利益を上げるには、何よりも従業員の働きが重要です。そのためには、起業家が、従業員に会社の計画や目標、理念といったものをきちんと「売り込みをしなければならない」わけです。

「人に話して喜ばれるネタはないか」という視点で、本を読む――

そうすると、必ず**「稼げるネタ」が見つかる**ものです。

「仕事で役に立った本を教えてください！」というテッパン質問

できるビジネスマンほど、本をよく読んでいるものです。

仕事で関心のあるテーマが多いので、自然と本を読むようになるのでしょう。ですから、「武器」となる本もそれだけ知っているはずです。

「本」ネタは、自分が話すだけでなく、**相手に話してもらうのも効果大**です。

つまり、人生に仕事に「武器」となる本を、相手から教えてもらうのです。

「餅は餅屋」という言葉があります。

「その道の専門家」であれば**「その道の専門書」**を喜んで話してくれるはずです。

たとえば、異業種交流会などで、マーケティング関係の人と名刺交換したとします。

このような場合、稼げない人ほど、中途半端な知識で会話をつなげようとするもの。

場はまったく盛り上がりません。

このようなときこそ、「武器」となる本を教えてもらう、絶好の機会なのです。

次のようにストレートに聞けば、プロであれば、喜んで教えてくれるはずです。

○「マーケティングの本で、どんな業種でも役に立つ本、教えてくれますか？」

「教えてくれますか？」と言われれば、できる人ほど意気に感じるもの。

しかも、この場合、マーケティングのネタは得意分野なので、答えやすいだけでなく楽しく話せます。

この意味でも、「本」ネタは、ビジネスの雑談ネタとして、使えるのです。

マーケティングといっても、市場調査から広告宣伝、戦略、最新の手法などなどレンジが広いものです。

ですから相手は、僕がマーケティングの何を知っているのか、何について知りたいのか、言葉のキャッチボールを求めてきます。

得意分野の話ですから、相手は気持ちよく話ができるでしょう。
こちらもマーケティングについて、気持ちよく学ぶことができるわけです。

相手がすすめた本は「相手の目の前で、即スマホ購入」

できるビジネスマンとの信頼関係を深める「稼ぐ人のマナー」を紹介しましょう。
たとえば、前項の続きで、相手が具体的な「おすすめ本」を教えてくれたとします。
相手から本をすすめられたら、**「その場でスマホで購入する」**――
これが「稼ぐ人のマナー」です。
インパクト大のアクションなので、あなたの存在感は一気に高まるはずです。
実際、すすめられた本を、僕が「その場でスマホで購入する」と、ほとんどの場合、
相手は驚きます。

○「すっごく、意識高いですね！」
○「めっちゃ、行動が早いですね！」

といった具合です。

すすめられた本を「明日買います」と言っても、社交辞令っぽく聞こえるだけです。

あなたの印象は相手の心には残りません。

しかし、自分が今すすめた本を、目の前で購入してくれたら、こちらの「本気度」を強く感じてくれるはずです。

同じ金額を出して同じ本を買うのなら、メリットの大きいほうを選ぶべきです。

まさに「一石二鳥の購入術」と言えます。

購入後は相手との心の距離も近づき、一層話も盛り上がります。

わざわざ購入してくれたわけですから、相手はその本について、より熱心により丁寧に話してくれるはずです。

稼ぐ人は、「本」ネタで、相手に気持ちよく話をさせる技術も磨いているのです。

稼ぐ人は、なぜ「おいしいお店」に興味津々なのか

「いいお店を知っている」は立派なスキル

稼ぐ人は、例外なくグルメである――。

これは**人生の真実**と言っていいでしょう。

実際、僕はお金に困っている人で、グルメな人を見たことがありません。

誰もが、おいしいものを食べることに興味があります。

ですから、その人の「年収」と、おいしいものを食べる「食費」は、おそらくある

程度、比例するはずです。

稼いでいる人は金銭的な余裕があるので、著名なグルメガイドブック『ミシュランガイド』に星つきで紹介されているお店に行くこともできます。

そのようなお店は必ずと言っていいほど、非日常の経験をさせてくれます。その経験がさらに、仕事へのモチベーションを高めてくれます。それが仕事でさらなる好循環をもたらしてくれる——。

だから、**「グルメ」ネタは、稼ぐ人にこよなく喜ばれます。**実際、稼ぐ人は、稼げない人以上に貪欲に「グルメ」ネタを仕入れています。

ただ、ミシュランクラスの一流店の「グルメ」ネタだけではありません。

ここがポイントなのですが、「B級グルメ」ネタも同様に仕入れているのです。

稼ぐ人は、自分のためだけに「グルメ」ネタを仕入れているのではないからです。

「グルメ」ネタを、**ビジネスの雑談の道具**として割り切っています。

どんなおいしい「グルメ」ネタも、**相手に喜ばれてはじめて「稼げるネタ」になる**のです。

たとえば、ある日、突然、雑談の中で、取引先が「B級グルメ」「ラーメン」好きだったとわかったとします。

「最近、ラーメンの食べ歩きにハマっているんだ。高校生の息子と行けるから親子のコミュニケーションにもなっているんだ。待ち時間に息子と話せるしね！」

雑談の中で、相手がそう言ったようなとき――。

「そうなんですか！　実は僕も都内の有名店はチェックしているんです。恵比寿に新しくできた金川軒、味も内装もオシャレだから息子さんも喜ぶと思いますよ！」

「グルメ」ネタが、**「稼げるネタ」に変わる瞬間**と言っていいでしょう。

こんなレスポンスができれば、話は一気に盛り上がります。

実際、取引先の息子さんが喜べば、あなたの評価は一気に上がるはずです。

「3回の会食」でなんと「3カ月分の情報」が手に入る

ビジネスマンにとって、**「いいお店を知っている」ことは立派な能力**なのです。

新年会、忘年会、歓送迎会、親睦会……仕事には何かと会食がつきもの。

「いいお店を知っている人」というキャラは、ビジネスマンにとって貴重です。

実際、先ほどの取引先から、「来週、うちの部署で送別会があるんだけど、このあたりでいいお店ない？」といった具合に、さらなるリクエストが来る可能性はあります。取引先との関係もさらに良好になるはずです。

それに、おいしい店を知っていれば、その取引先と会食する機会も増えるでしょう。

これはビジネスマンにとって大きなチャンスです。

と言うのも、取引先と仲良くなるには、仕事を通じてでは、僕の経験上、最低３カ月はかかるからです。

ただ、会食であれば、一緒に3回ご飯を食べにいけば仲良くなれます。

そして、取引先との**距離を縮める最高のネタは、相手の成功体験**。

相手も話していて楽しいでしょうし、こちらも勉強になります。

しかも、成功体験を聞いているうちに、相手が仕事で何を大事にしているかが、わかります。お互いの距離がぐんと縮まるだけでなく、今後のビジネスにも大いに有効なはずです。

「グルメ」情報を集めれば集めるほど、なぜ能力が高まる？

「いいお店を知っている人」は、実際、仕事ができて稼いでいる人が多いようです。

ただ、考えてみれば、これも当たり前の話。

「いいお店を知る」には、好奇心と情報収集力と行動力が不可欠だからです。

「いいお店を知っている人」の特長は、それだけではありません。

そういう人は、仕事にも、いい意味での余裕があるものです。


結局、そのような**余裕がある人が、いつの時代も出世していく**ものなのです。


「グルメ」ネタを楽しむ暇もなく、仕事一筋の人は、それなりの成果を出すかもしれません。

ただ、どこかで限界があるはずです。

ズバリ言ってしまえば、人間として魅力的ではないように思います。

だから、人がついてこない。

僕自身も「自分磨き」の一環として、「グルメ」ネタ探しには力を入れています。

「食べログ」などのグルメサイトはもちろんのこと、「ミシュランガイド」のようなグルメガイドにも目を通します。評価が高い店、気になった店は、できる限り実際に足を運ぶようにしています。

自分で一度体験しておかないと、人にすすめられないからです。

また、「グルメ」ネタは、お店の情報だけに限りません。

僕は筋トレをしているので、食と健康に関する知識もあります。

稼ぐ人は、ほぼ例外なく健康に気を使っているもの。食と健康に関する話は興味を持って聞いてもらえます。

ですから、最近、注目を浴びている健康法、食材については、チェックしておくべきです。

たとえば、炭水化物を控える糖質制限ダイエット。炭水化物はすべて悪かというと、そう単純な話ではありません。

同じ炭水化物でもパスタ、ピザ、ラーメンといった小麦類よりは玄米、雑穀などの穀類のほうが糖質が少ない——といった程度の知識は、「稼げるネタ」として持っておくべきです。

稼ぐ人は、「笑顔」だけでなく「笑声」も意識する

稼げない人の笑顔は「目と声が笑っていない」

稼ぐ人、できる人は、例外なく「挨拶」が上手です。

「挨拶」は重要なビジネススキルですから、ある意味、当然のことでしょう。

「笑顔」で挨拶するのは当たり前。

「**笑顔**」と「**笑声**」で挨拶する——。

だから、挨拶されたほうも、**自然と明るくなれる**のです。

「笑顔」で挨拶するビジネスマンは珍しくありませんが、ほとんどの場合、声が笑っていないのです。だから、せっかく「笑顔」で挨拶しても、なかなか印象に残らないのです。

僕がトーマツに勤めていた頃、2期上に非常に仕事のできる先輩がいました。前述したW先輩です。

「笑顔＋笑声の挨拶」を、僕は、W先輩から教わったのです。

W先輩は、毎朝、元気な声で「おはようございます！」と事務所に入ってきました。明るい声に思わず顔を上げると、W先輩の笑顔がさわやかなんです。こちらも思わず元気よく「おはようございます！」と応えたものです。

朝だけでなく、仕事中も元気がいい。

入社1年目の僕は、まだ仕事を覚えるのに精一杯で、その日その日の業務をこなすだけの毎日。とても明るく笑っている余裕なんてありませんでした。

ただ、W先輩に「笑顔＋笑声の挨拶」をされると、心が明るくなったものです。

「笑顔＋笑声の挨拶」で、W先輩は後輩から慕われるだけでなく、上司にもかわいがられていました。

それもそのはず。四六時中、鬼の形相でパソコンとにらめっこしながら仕事している部下と、仕事をしながらも元気よく笑顔を見せる部下がいれば、どちらに次の仕事を任せたいかは、火を見るより明らかです。W先輩は、エリート揃いの同期の中でも出世の階段をいち早く駆け上って行きました。

あるとき、W先輩に、「元気の秘訣」を教わろうと、質問したことがあります。

「いつも元気で楽しそうですが、元気で楽しく仕事するコツってあるんですか?」

と聞くと、ちょっと意外な答えが返ってきました。

「仕事が楽しいから、笑っているわけじゃない。楽しそうにしているから、仕事が楽しくなるんだ」

まさに逆転の発想。

それから何年もたって、19世紀から20世紀にかけて活躍したアメリカの哲学者・ウィリアム・ジェームズの次のような言葉を知りました。

「楽しいから笑うのではない。**笑うから楽しい**のだ」――。

W先輩の仕事哲学と通じるものがあります。

学問の世界でも認められた、1つの真実と言ってもいいでしょう。

「1オクターブ上の声」で空気を変える

「笑顔＋笑声」は、自分だけでなく、周りにもいい影響を与えます。

実際、W先輩の「笑顔＋笑声の挨拶・激励」から、たくさんの元気をもらいました。

会計の仕事は膨大な書類を扱うため、すぐに段ボール3箱分ぐらいになります。当然、書類は機密事項であり、インサイダー情報なども含まれますので、厳重に保管します。

そして、必要に応じて、その段ボールを会議室や保管場所へと持ち運ぶのですが、これが僕らにしてみれば、なかなかの重労働。そこで、つい「重いな……」「疲れる……」と、愚痴が口に出てしまいます。

そんなとき、W先輩の「笑顔＋笑声の激励」が、背中を押してくれたのです。

○「さ！　頑張ろうぜ！」「よし！　やろうぜ！」

W先輩の「笑顔＋笑声の激励」につられて、ついテンションが上がって頑張れました。子どもだましではありません。実際、

×「重いな……」「疲れる……」ではなく、
○「さ！　頑張ろうぜ！」「よし！　やろうぜ！」

では、モチベーションも、作業の効率もまったく違ってきます。
また、作業が終わったときに、

×「あぁ、疲れた」ではなく、

○「よし！　終了！」

で、締めるのでは、その後の仕事のテンションに大きな差が出てくるはずです。

「笑顔＋笑声」は、まさに**仕事を前向き＋効率的にする魔法**なのです。

僕は、W先輩とも個人的に親しくさせていただき、一緒にお酒を飲む機会もたびたびありました。

ただ、興味深いことに、プライベートの場では、「笑顔＋笑声」という感じではなかったのです。

プライベートでは、落ち着いた表情で、声のトーンも低く、アフターファイブになるとテンションが高くなるビジネスパーソンとは完全に逆パターンでした。

そのあたりのオンとオフの切り替えについて聞いてみたことがあります。すると、こんな答えが返ってきました。

「会社では、意識的に1オクターブ上げた声で話している。それにつられて自然とテンションが上がる」

つまり、声がオンオフのスイッチだったのです。

稼いだから笑うのではなく、**笑うから稼げる**――

W先輩が、出世の階段をいち早く駆け上っていった要因だったように思います。

稼ぐ人は、あえて「失敗談を話す」

失敗は「成功のもと」というストーリーで話す

「ヤクザは武勇伝で仕事をする」――。

昔、そんな言葉を聞いたことがあります。

力のあるヤクザは何も言わずとも、**武勇伝――過去の実績――で、自分の能力をアピールする**といった意味の言葉のようです。

たとえば、あるヤクザが、飲み屋にたまたま入ってきました。周りの酔客は、ヤクザの醸し出すオーラから、何となくカタギの人間ではないと気づき、緊張します。

そして、恐る恐るヤクザの顔を見ると……なんと左の頬に深い古傷が！

言ってみれば、これが武勇伝。

この古傷を見た酔客たちは、恐れると同時に、尊敬の気持ちが芽生えます。「あの傷は抗争事件の勲章では？　この人、ひょっとしてヤクザ界のレジェンドなのかも!?」といった具合です。勝手に武勇伝を想像するわけです。そして妄想を膨らませ、相手をその筋のレジェンドだと思うわけです。

ビジネスの世界でも、武勇伝を語る人は多いものです。

しかし、ビジネスの武勇伝は、ヤクザの武勇伝ほどインパクトがありません。

「あのとき、俺が部長に、勝負に出るべきだと掛け合ったんだよ！」

「あのとき、俺があの案件をまとめたから、うちの部署の今があるんだ！」

上司と飲みに行くたびに、こんな残念な〝武勇伝〟を聞かされてゲンナリしている人もいるでしょう。**耳にタコ**ですね。

なぜインパクトがないのでしょうか？

武勇伝は、**自分で話すと逆効果**になるからです。

だから、インパクトどころか、聞いていて不快感さえ覚えます。武勇伝は相手に想像させるから、伝説、レジェンドになるのです。

自分からすべてを語ったら、それは武勇伝ではなく、ただの自慢話。

残念な上司は、そのあたりがわかっていないんですね。

稼ぐ上司は、そこがわかっているから、けっして武勇伝を口にしません。

では何を話すのでしょうか？

稼ぐ上司は、武勇伝ではなく、失敗談を話すのです。

僕は、**失敗談＝マイナス体験ほど、おいしいコンテンツはない**と思っています。

もちろん、失敗談をそのままマイナス体験として話せば、ただの残念な人です。稼ぐ人はマイナス体験をただマイナスで話すのではなく、プラス体験に転化して話すのです。

言ってみれば、失敗から何を学んだかを話すのです。

相手は、そこに、その人の人間的深みというか、魅力を感じるのです。

マイナスとプラスの「ギャップ」を利用して話す——と言っていいかもしれません。

相手は、その「ギャップ」にインパクトを感じ、引きつけられるのです。

この瞬間、「敗者」が「勝者」に変わるわけです。

「人一倍失敗したから、人一倍強くなれた」という説得力

マイナス体験をプラス体験に転化して話す——。

そのギャップに、**人はインパクトを感じる。**

この法則を、僕はトーマツ時代のW先輩から教わりました。

僕がトーマツに入社した頃、W先輩は僕たち新入社員と話すときは、自分が新入社員だった頃の失敗談ばかり話していました。

先ほどの〝武勇伝〟ばかり話すゲンナリ上司とは、真逆と言っていいでしょう。

では、優秀なW先輩がなぜ、失敗談ばかり話していたのか――。

理由は2つあるように思います。1つは、自分の失敗談で、固くなっている僕たち新入社員を笑わせて、緊張を和らげようとしてくれたのでしょう。

もう1つは、失敗談を話すことで、**「失敗を恐れるな」**と言いたかったのだと思います。

僕たちはW先輩が非常に優秀な人だとわかっていましたし、実際、社内でも出世頭と目されていたので、先輩の失敗談は、ある意味、インパクト大で新鮮でした。

「Wさんでも、そんな失敗をするんだ……」といった具合です。

目の前にいるW先輩と新入社員時代のW先輩の「ギャップ」に驚くとともに、妙に安心したことを覚えています。W先輩でさえ新人時代は失敗ばかりだったのだから、僕らであれば、**失敗なんて、ある意味、当たり前**——とまで思えたものです。

「人一倍失敗してきたから、人一倍メンタルが鍛えられたよ」

そう笑いながら話すW先輩に、僕は懐の深さのようなものを感じたものです。

W先輩が失敗談をたくさん話してくれたからこそ、いつの間にか、自然とそう思えるようになりました。

「人生のマイナス体験は、必ず役に立つ」——。

だからこそ、新入社員の頃から、僕はどのような場面でも萎縮せずに、伸び伸びと仕事ができるようになったのだと思います。

稼ぐ人は、失敗したら「ネタを探す」

「人生のマイナス体験は、必ず役に立つ」——。

この考え方は、僕の人生に、大きなプラスをもたらしてくれました。それは、当たり前のことだと言えます。

マイナス体験さえ役に立つなら、**人生、プラス体験だけになる**――からです。

実際、僕はトーマツでは、「マイナス体験」からのスタートでした。

僕が就職したトーマツは、言ってみれば、エリート集団。

「東大卒業」「京大卒業」なんて、別に珍しくもない会社です。早稲田、慶應ならまだしも、僕はその下のクラスの関西の私立大学卒業。しかも、2浪している。

この時点で、トーマツでは完全な「非エリート」。

つまり、入社時点で、僕は「マイナス体験」を味わうことになりました。

ただ、この「マイナス体験」が、トーマツではプラスに転化したのです。

「ギャップ」がプラスに作用したのです。

つまり、「非エリート」の僕が、熱心に仕事をすればするほど、また仕事上で成果を出せば出すほど、「ギャップ」が生じることになりました。

「おっ！　金川、よくやるな！」といった具合です。「2浪で関西の私立大学卒業」という「マイナス体験」がなければ、正直、それほどの「ギャップ」もインパクトも生まれなかったように思います。

「人生のマイナス体験から学んだ話」こそマネタイズできる

「人生のマイナス体験は、必ず役に立つ」ことは、最近よく実感します。

「人生のマイナス体験」をプラスに転化した話は、**貴重な「情報」**だからです。

「情報」はマネタイズできます。

とくに今、ライブで「マイナス体験」を味わっている人にとっては、「人生のマイナス体験」をプラスに転化した話は、お金を払ってでも聞きたい、読みたい情報であることは間違いありません。

つまり**「人生のマイナス体験」は、意外に「お金」になる**のです。

たとえば、僕が2浪したという「マイナス体験」――。

2浪というマイナス体験をプラスに転化した話は、今現在、浪人している人にとっては、貴重な情報のはずです。

「2浪すると、いいこともある」――。

僕はよくそういう話をします。

実際、僕は2浪したことで、メンタルがずいぶん鍛えられたと思っています。

それだけでなく、**「出遅れてもなんとかなる」**という実体験ができたことはよかったと思っています。2回失敗したわけですが、それでも最後は突破した――2浪したおかげで、**「人生は、出遅れても取り返せるというメンタル」**ができあがったのだと思います。

「人生は、出遅れても取り返せるというメンタル」――

これは「マイナス体験」がないと、話せない話です。

一度も挫折をしたことがない超エリートが、「一度や二度の失敗でくよくよするな」と激励しても説得力はありません。

「マイナスをプラスにした話」は、確実にお金になるのです。

参考文献

『頭のいい説明「すぐできる」コツ』鶴野充茂（著）、三笠書房

『頭のいい一言「すぐ言える」コツ』鶴野充茂（著）、三笠書房

『TEDトーク　世界最高のプレゼン術』ジェレミー・ドノバン（著）、中西真雄美（訳）、新潮社

『フリー〈無料〉からお金を生みだす新戦略』クリス・アンダーソン（著）、小林弘人（監修）、高橋則明（訳）、NHK出版

『私の営業方法をすべて公開します！』ブライアン・トレーシー（著）、早野依子（訳）、PHP研究所

『大金持ちをランチに誘え！』ダン・ケネディ（著）、枝廣淳子（訳）、東洋経済新報社

『ハイパワー・マーケティング』ジェイ・エイブラハム（著）、金森重樹（監訳）、ジャック・メディア

『究極のマーケティングプラン』ダン・ケネディ（著）、神田昌典（監訳）、齋藤慎子（訳）、東洋経済新報社

『全米No. 1のセールス・ライターが教える 10倍売る人の文章術』ジョセフ・シュガーマン（著）、金森重樹（翻訳）、PHP研究所

『影響力の武器』第三版　ロバート・B・チャルディーニ（著）、社会行動研究会（訳）、誠信書房

『シュガーマンのマーケティング30の法則』ジョセフ・シュガーマン（著）、佐藤昌弘（監訳）、石原薫（訳）、フォレスト出版

『改訂版 金持ち父さん 貧乏父さん』ロバート・キヨサキ（著）、白根美保子（訳）、筑摩書房

プロデュース　水野俊哉
編集協力　小松卓郎（小松事務所）
本文ＤＴＰ　佐藤正人（オーパスワン・ラボ）

稼《かせ》ぐ話術《わじゅつ》「すぐできる」コツ

著　者――金川顕教（かながわ・あきのり）
発行者――押鐘太陽
発行所――株式会社三笠書房
〒102-0072 東京都千代田区飯田橋3-3-1
電話：(03)5226-5734（営業部）
：(03)5226-5731（編集部）
http://www.mikasashobo.co.jp
印　刷――誠宏印刷
製　本――若林製本工場

編集責任者　清水篤史
ISBN978-4-8379-2809-6 C0030